I0161574

Paris. Typ. A. PARENT, rue Monsieur-le-Prince, 31.

RÉFLEXIONS

D'UN

OPTIMISTE

PAR

M. DUPONT-WHITE

> Peut-on croire aux rois de l'avenir ? —
> Faut-il croire aux peuples du présent ?
> CHATEAUBRIAND
> (*Mémoires d'Outre-Tombe*).

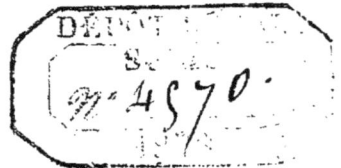

PARIS

GUILLAUMIN ET Cᵉ, LIBRAIRES

RUE RICHELIEU, 14.

—

1873

RÉFLEXIONS

D'UN

OPTIMISTE

> Peut-on croire aux rois de l'avenir ? —
> Faut-il croire aux peuples du présent?
> (CHATEAUBRIAND. *Mémoires d'Outre-Tombe.*)

CHAPITRE PREMIER

DE CE QUI MENACE NOTRE SOCIÉTÉ ET DE CE QUI LA SAUVERA.

Je suis un optimiste inquiet, disait récemment M. Guizot. De ce grand témoignage vous ne retenez et n'adoptez peut-être que l'inquiétude. Pour ma part, toute réflexion faite, je m'en tiens à l'optimisme, ce qui ne m'empêche pas d'interroger l'avenir avec l'alarme, avec l'angoisse même qui lui sont dues. Êtes-vous, lui dirai-je, la fin ou la continuation de la France? Il y a des nations qui tombent, des races qui s'éteignent, des rôles qui s'usent : Est-ce là le dénouement que vous nous gardez ? Serions-nous par hasard une de ces sociétés auxquelles la Providence a pris plaisir, et qui désormais appartiennent à l'histoire? Ici grande dispute parmi les prophètes. Il n'en manque pas pour signaler parmi nous certains signes de décadence,

1

quelque chose comme un travail de dissolution. Mais je le dis tout d'abord, ces prédictions me touchent peu par la raison que voici : elles annoncent force désastres en vertu de causes qui sont, eneffet, d'apparence désastreuse et malfaisante. Mais, comme ces causes sont à l'œuvre depuis 89, comme nous en serions morts si elles étaient mortelles, comme au contraire elles n'ont pas exclu parmi nous un progrès notable en toutes choses : économiques, littéraires, militaires même, nonobstant nos derniers désastres…, je ne puis les prendre au tragique. Evidemment nous vivrons, si nous n'avons pas d'autre raison de périr que l'hostilité des classes, le nombre et la colère des partis, le conflit du travail et du capital, la déclamation des esprits, la passion des caractères, les abus de logique, toutes choses fort apparentes et fort usitées parmi nous depuis un siècle environ.

Cependant, méfions-nous de l'optimisme. Il faut ici penser à deux choses, prévoir deux objections :

1° N'y aurait-il pas dans notre situation actuelle quelque fait nouveau et dangereux, outre les faits anciens et pour ainsi dire habituels qu'on énumérait tout à l'heure ?

2° Les faits dont il s'agit ne seraient-ils pas arrivés de nos jours à leur malfaisance finale et essentielle : *tant va la cruche à l'eau*….. Si vous préférez les images aux proverbes, il y a celle de la balle élastique qui, après plusieurs rebonds, finit par rester à terre.

Nos idées sont progressives, dit Châteaubriand, *mais nos mœurs les soutiennent-elles ? Il ne serait pas étonnant qu'un peuple âgé de quatorze siècles, qui a terminé cette longue carrière par une explosion, fût arrivé à son terme.*

Il est certain que notre manière d'être depuis 1789 a fait paraître en ce pays plusieurs gouvernements qui n'ont pu tenir, mais qui ont laissé des partisans, c'est-à-dire des candidats au pouvoir. Or, cela est une chance croissante de guerre civile ; plus nous comptons de gouvernements renversés, c'est-à-dire de révolutions, plus nous avons de partis. Aujourd'hui ces partis sont assez nombreux et assez forts pour se faire obstacle les uns aux autres, pour se tenir en échec et pour empêcher la création d'un gouvernement. J'indique cette hypothèse, sans m'y arrêter autrement, parce que la dernière chose qui puisse manquer à ce pays, c'est un gouvernement, tant il a l'habitude et la passion d'être gouverné. ! cela est un des bienfaits qui appartiennent à la centralisation, un régime où le pouvoir se fait aimer, parce qu'il rêvet certaines qualités, à cette hauteur, à cette distance, et devient semblable à la loi, qui est *l'intelligence sans la passion,* dit Aristote. C'est ce qui a fait la fortune des rois de France : d'une manière générale, c'est ce qui a fondé parmi nous le principe d'autorité, avec des effets qui nous sauveront de l'anarchie, ce pays se croyant perdu quand il ne sent pas l'action du pouvoir et d'un pouvoir central.

Mais je dois une réponse catégorique aux deux questions qui viennent d'être posées. Sur la première, je remarque aujourd'hui deux faits nouveaux parmi nous : l'invasion et le suffrage universel. A l'invasion, je n'attribue aucune influence mauvaise dans l'ordre politique : elle aurait plutôt un certain effet d'apaisement, de conciliation dans une pensée commune et patriotique.

Quant au suffrage universel, le cas est tout différent. Nous subissons là une institution nouvelle qui pourait être d'un grand effet et qui veut être mûrement considérée. Il est vrai que cette tyrannie implicite et virtuelle du nombre n'a pas encore paru dans les faits, depuis vingt-deux ans qu'elle est dans les lois. Cependant il y a là une menace fondamentale, sur laquelle nous reviendrons.

Je ne regarde pas la Commune et les crimes de la Commune comme le signe d'un mal nouveau parmi nous et d'un poison particulier ; c'est simplement une révolution de plus, aggravée cette fois par l'état cérébral et par tout cet armement qu'avait laissé derrière lui le siége de la Capitale.

Qu'y a-t-il donc aujourd'hui de nouveau et d'inquiétant ? Il y a ceci, que les régimes antérieurs étaient instables, mais avec une apparence, avec une illusion de stabilité. Les deux Empires, la Restauration, le Gouvernement de Juillet, ont eu leurs croyants, ont fait leurs dupes : « *Je crois à ce gouvernement comme au soleil,* » me disait vers 1840 un orléaniste convaincu. Pareille conviction abondait sous nos différentes monarchies, qui se déclaraient héréditaires, se constituaient *for ever*, se berçaient de permanence et d'éternité. Je maintiens qu'elles ont usé et ruiné cette illusion, à force de tomber ; mais ce n'est pas une raison pour que le régime actuel ait plus de réalité, plus d'horizon.

Avant de dire la chose qui nous sauvera, je remarque deux choses qui contribueront à notre salut : le crédit public et la discipline de l'armée. Qu'importent le nombre et la violence des partis, si l'armée est fidèle, si elle est isolée des populations à réprimer, si elle obéit aux ordres de répression, et surtout si elle en reçoit. Quant à notre crédit public, c'est le fait et la récompense d'une nation qui possède la puissance du travail, la vertu de l'épargne, la probité du débiteur, probité qui est devenue parmi nous une vertu de gouvernement, à l'épreuve de toutes les vicissitudes, de toutes les catastrophes.

Outre la discipline de l'armée, outre le crédit de l'Etat, pardessus toutes choses enfin, il faut compter comme très-propre à relever le pays, un trait de caractère qui paraît dans toute son histoire. Ce trait capital et sauveur, c'est le goût de l'ordre, le besoin de gouvernement, l'invocation de l'autorité.

Ceci est pour répondre à l'une des questions que nous avons posées dès le début, celle de savoir si tant de vicissitudes et de catastrophes depuis 1789 ne tiennent pas à quelque principe pernicieux, et si ce principe qui nous avait laissés debout jusqu'à présent n'est arrivé de nos jours à son effet final et destructif. Il y a toute une école pour imputer nos désastres à nos changements politiques, et ces changements eux-mêmes à un certain virus qu'on est convenu d'appeler l'esprit révolutionnaire. C'est une étrange façon, selon moi, de comprendre le passé ; je ne connais pas de plus prodigieuse inadvertance. Fût-il démontré que la France abusât des révolutions, il resterait à savoir si ce n'est pas pour avoir abusé de la tradition, pour avoir vécu trop longtemps du passé, pour s'en être rassasiée jusqu'au dégoût, pour y avoir pris une aversion démesurée des anciennes forces et des anciennes idées ; mais cette étude nous mènerait un peu loin.

CHAPITRE II.

NOTRE SOCIÉTÉ N'EST PAS RÉVOLUTIONNAIRE, ELLE EST ÉPRISE DE TRADITION ET D'AUTORITÉ.

Sans aller jusque-là, nous allons de le pas aborder de front et prendre par les cornes le préjugé auquel on vient de faire allusion, le lieu commun, ce faux bruit, le plus faux et le plus creux qui ait jamais dupé la cour et la ville, le public et les chancelleries, les estaminets et les penseurs. Il faut regretter vraiment tant de gravité dépensée en pure perte au sujet du mal français. Comment se fait-il qu'il ne se soit encore trouvé personne en France pour remettre à sa place une pareille balourdise ? Il me semble pourtant que l'histoire luit pour tout le monde. Effleurée ou approfondie, sur ses hauteurs comme dans ses détails, à première vue comme dans ses replis, elle vous dira tout d'abord et finira par vous prouver que la France est la moins révolutionnaire des nations, que ce pays est perdu de circonspection et de mollesse politique, qu'il n'y a pas de société comme la nôtre pour garder religieusement les vices du passé, pour laisser les choses survivre à leur vie légitime, bref pour faire abus de la tradition. Car on peut abuser de la tradition, on peut même en mourir, tout comme de ces impromptus qu'on appelle révolution. L'unique différence est celle des décadences, des épuisements, des extinctions aux cas de mort subite et violente. Si la loi du monde est de se transformer, la durée en soi n'est pas un bien, un but, un idéal, pas plus que la destruction. La durée a tout juste la valeur des choses où elle s'applique, et devient un mal, quand ces choses deviennent pernicieuses ou simplement inutiles, tenant la place des choses meilleures qui aspirent à naître. Les institutions vivent ce qu'elles valent, et dès qu'elles ne valent rien, n'ont aucun droit de vivre. Nous pourrions montrer que l'Angleterre a fait abus de la tradition dans le cas de l'Irlande, en y laissant, jusqu'en 1828, quelque chose comme l'inquisition, et qu'elle s'est fait là une question insoluble, une ennemie implacable.

Mais, parlons de nous : parmi nous la tradition s'est donné carrière.

L'ancien régime a duré deux cents ans de trop en France, voilà le fait. Car il a duré dans toute la plénitude, dans toute la rigueur de ses institutions jusqu'aux abords de 89 ; et cela tandis que depuis deux siècles les idées de la France, ses idées réligieuses et politiques, étaient absolument changées par un essor d'esprit imcomparable. Ici ne perdez pas de vue deux choses : si mauvaises étaient les institutions d'autrefois qu'elles ont laissé cette rancune implacable parmi les masses, qui est un des embarras, une des terreurs de notre situation. D'un autre côté, si justes et si saines étaient les invocations de 89, qu'elles ont prévalu dans la Charte de 1814 et qu'elles ont reparu dans toutes nos constitutions, pour devenir, sous les formes de gouvernement les plus diverses, le fond même de notre société. Vous voyez là les fruits véritables et naturels de l'esprit français. Je n'ai pas besoin de dire quel était cet esprit ; une puissance, apparemment dès le siècle de Louis XIV, puissance qui fut au siècle suivant, émancipation, curiosité sans bornes, propagande européenne. Mais cet esprit, ainsi fait, n'avait rien obtenu, ce qui s'appelle rien, jusqu'au moment où il renversa tout. Ne me dites pas à ce propos que les choses se sont passées en Allemagne comme en France, c'est-à-dire que là comme parmi nous l'ancien régime est demeuré intact jusqu'en 89, et que la France aurait bien pu imiter la patience Allemande. Est-ce que l'Allemagne avait eu comme la France un XVIIᵉ siècle qui est une date de l'esprit humain, et un XVIIIᵉ siècle qui sur les questions d'Église et d'État avait ébranlé toutes les intelligences et toutes les consciences, celles mêmes du noble et du prêtre ?. On ne citerait pas une autre société, à aucune époque, sous aucune latitude, qui, avec un tel renouvellement d'esprit, ait gardé ses lois anciennes, des lois détestables, en face d'un esprit qui représente une grande époque dans l'histoire intellectuelle du monde.

Oui, au siècle dernier, nous avons le spectacle d'une énorme disproportion entre les lois et les idées françaises. Or, savez-vous ce que firent les lois pour monter au niveau des idées ? si peu de chose, et si tard qu'on l'aura bientôt dit. Elles abolirent la torture en 1784 seulement ; elles abolirent l'incapacité civile des protestants en 1787 seulement ; elles abolirent les corvées en 1776 seulement. Pour prendre sur le fait nos mœurs politiques, c'est-à-dire l'obstination de nos routines et la profondeur de notre patience, je reviens à la torture, discutée dès 1665, discutée par des hommes tels que Pussort et La- moignon au Conseil d'État où s'élaborait l'ordonnance criminelle de 1667. Inutile selon Pussort, inhumaine aux yeux de Lamoignon, la torture fut maintenue. Un rare échantillon de ce qu'était parmi nous le poids des traditions, l'insouciance du droit. On voyait, on reconnaissait ce qui était juste et avantageux sans en rien faire, apparemment parce que c'était nouveau. Le secret de durer en France, c'est d'être un abus, une absurdité, quelque chose de ridicule et de criant. On finit sans doute par tomber, mais après avoir fourni une carrière de patriarche, parmi le respect et l'obéis- sance des générations successives. Les plus avancés commencent par s'incliner devant ce qui est parce qu'il est. Montesquieu lui-même vous dira que *de cor- rections en corrections d'abus, on finit par anéantir les choses au lieu de les rectifier.*

Naturellement Turgot fut congédié : il parlait de choses insensées, comme d'abolir les jurandes et les maîtrises, comme de racheter les droits féodaux. De tout cela, on ne fit rien. L'ère des réformes fut close, après celles que nous avons indiquées, et l'on peut dire que l'ancien régime était debout dans toute sa hau- teur, intact et compacte en ses principales pièces, quand il se présenta devant la France reveillée et convo- quée en 89. Que vouliez-vous qu'on fît si ce n'est de le détruire? Et comment cette destruction n'eût-elle pas été cette chose abrupte et excessive qu'on appelle révolution, suspendant l'empire de toutes les lois, des bonnes comme des mauvaises, déchaînant toutes les passions, les mauvaises comme les bonnes?

Donc, les idées modernes étaient faites parmi nous dès le siècle dernier ; elles l'étaient partout, même parmi les classes menacées, surtout parmi elles. Cependant rien ne bougeait dans les lois, ce qui est insensé. Croyez-vous par hasard qu'une société puisse changer d'esprit sans changer de lois ? Autant dire qu'un individu peut acquérir des notions, des idées, des sentiments et demeurer le même en ses actes. D'une manière générale, un changement ne se fait nulle part sans une ondulation qui change toutes choses à l'entour. Et cela en vertu de certaine loi universelle, qui est *la persistance des forces et la persistance des relations entre les forces.* Qu'un peuple fasse des chemins de fer ou se mette tout d'un coup (selon la remarque de Lemontey) à consommer trois choses nouvelles, comme le café, le thé et le tabac, vous verrez ce changement pulluler et rayonner. Il va sans dire que le changement est impérieux et contagieux, surtout quand il s'est fait dans les esprits et qu'il part de là pour se répandre : car l'esprit est la puissance humaine ou, si vous aimez mieux, l'instrument divin pour conduire les choses de ce monde.

Dans les limites de l'individu, le libre arbitre fait droit au changement d'idées survenu. Mais dans la société, l'obstacle est celui des gouvernements, lequel doit être tourné ou brisé. Ce sont deux grandes manières ; la seconde, qui est déplorable sans cesser d'être grande, a prévalu parmi nous. En pareil cas, savez-vous ce que font d'autres peuples, ceux qui ont un grain de sens politique ? ils font des réformes, ils empruntent et accommodent l'avenir au passé, ils dérivent, comme les Anglais, leur liberté du moyen âge. Cela vaut mieux que de souffrir en silence, puis de murmurer tout bas, puis de tromper les colères accumulées par un certain essor d'écrits et de paroles, puis un beau jour de répondre aux dynasties quand elles entendent raison et offrent des réformes... *il est trop tard.* Paroles bien simples, mais suprêmes et terribles qui se traduisent ainsi en latin et en révolution : *Fiat justitia, ruat cœlum.* Quel est donc ce proconsul auquel les Gaulois répondirent un jour : *Nous ne craignons qu'une chose, c'est que le ciel ne tombe sur nos têtes?* Tels ancêtres, tels descendants, avec un progrès sensible, comme vous voyez.

La chose peut se raconter ainsi : Il y avait entre le Rhin, les Alpes et les Pyrénées un peuple bien situé, bien doué, bien mélangé de souffle barbare et de culture romaine. Ce peuple fut grand par l'esprit, dès le moyen âge; c'est là, disent certains philosophes, que se fit la véritable renaissance. Ce n'est pas lui qui fait la réforme; mais il fait voir au monde une époque comparable à celle de Léon X, d'Auguste et de Périclès. A cet éclat, il ajoute la gloire des armes, la renommée et le crédit d'une lourde épée, il a le privilége de lutter contre des coalitions. Avec de telles œuvres et de telles prouesses qui sont celles de la société tout entière, qui élèvent l'âme et les sentiments d'un peuple, comment ce peuple tiendrait-il dans les limites du moyen âge, dans le cadre féodal? Naturellement il y échappe : officiellement, on l'y retient. Singulière destinée! Sa littérature est copiée en Europe; ses idées au sujet de la noblesse et de l'église font fortune en Europe, où l'on ne voit partout au xviiie siècle qu'un roi doublé d'un marquis, mettant à mal les nobles et

les prêtres. Quant à lui, il ne fait rien de ce qu'il
pense, il n'en impose rien à ses gouvernements, il
supporte les lois les plus contraires à ses idées, il
pèche en un mot par excès de patience et de longani-
mité... C'est ce qui l'a perdu. Étonnez-vous donc
après cela de quelque excès contraire dans la voie des
représailles et des destructions ! Il n'y a de coupables
ici que les pouvoirs publics pour n'avoir rien mis dans
les lois de ce qui était dicté par l'opinion et acquis à
la société.

CHAPITRE III.

LES GOUVERNEMENTS SONT RESPONSABLES DE TOUT DANS NOTRE HISTOIRE, SURTOUT DES RÉVOLUTIONS.

Au surplus nous n'avons pas besoin d'y regarder de
si près pour savoir si ce pays est d'essence révolutionnaire. Ce pays qu'on voit, pendant onze ou douze
siècles, livré à la même forme de gouvernement,
forme monarchique, héréditaire, où jamais ne fut
troublé l'ordre de succession au trône, est-ce là par
hasard un peuple épris de nouveauté, rebelle aux
traditions, amoureux du changement dans les person-
nages ou dans les formes politiques? Evidemment, ce
n'est pas par là qu'il est révolutionnaire. L'instabilité
des pouvoirs, le renouvellement des pouvoirs n'est
pas ce qui lui plaît; et, si tel est chez lui l'événement,
vous ne pouvez pas dire que cela vienne de lui, de ses
entrailles et de son tempérament.

Maintenant, serait-il révolutionnaire par un autre biais, parce qu'il lui plairait de n'obéir à aucuns pouvoirs, anciens ou nouveaux, d'être indiscipliné, effréné? Enfin aurait-il le tempérament individualiste, le tour d'esprit individualiste, lequel consiste à borner étroitement l'action des lois et de l'Etat, à revendiquer pour un individu le droit d'agir en toutes choses sans être repris par aucune autorité ecclésiastique ni séculière, ce qui était le droit réclamé par les puritains, comme dit Bossuet? Curieuse pièce que l'individualisme! Un trait nouveau de l'humanité, un sixième sens apporté par les Barbares qui ne furent pas purement destructifs, comme le prétend un illustre philosophe de l'histoire, M. Littré. Cela en effet n'est ni antique, ni chrétien, mais purement barbare. La preuve en est que la plus haute expression de l'individualisme est le duel, inconnu des anciens et réprouvé par le christianisme. Des sociétés nouvelles sont nées de cet esprit : d'autres en ont seulement aspiré quelque chose. Parmi ces dernières, la France ; parmi les premières l'Anglo-Saxon. Tout récemment, un grand esprit exposait la doctrine de l'individualisme dans un livre qui est un traité: « Le grand principe, disait-il, le principe dominant auquel aboutissent tous les arguments exposés dans cet ouvrage, est l'importance essentielle et absolue du développement humain dans sa plus riche diversité. » (Guillaume de Humboldt.)

Or, le Français n'a pas cette religion, et je l'en félicite. A quoi bon ce développement d'une espèce qui compte *dans les richesses de sa diversité* l'égoïsme et ses roueries ou ses violences? Ce lyrisme n'a jamais pu

m'entrer dans la cervelle, et si ce n'était le nom de
Humboldt, je ne m'y arrêterais pas un instant. Quoi
qu'il en soit, le Français regarde et vise autre chose,
pas moins que l'idéal, et il admet parfaitement que
l'Etat soit l'organe du droit, que le législateur soit un
interprète de l'idéal. Sa passion n'est pas d'être lui-
même, elle serait plutôt de se conformer et de s'élever à certains types supérieurs de beauté morale.
Cela fait deux conceptions bien différentes. Si le
Français tenait pour l'individualisme, il ne laisserait
pas faire au-dessus de lui tous ces règlements dont le
tissu le pénètre et l'enlace de toutes parts : il ne
serait pas après les Chinois et les Russes, le peuple du monde le plus administré que l'on sache,
un peuple de prévenus, de suspects, de mineurs, en-
travé ou assisté en toutes choses et gardé à vue jusque
dans ses plaisirs. Voyez donc comme il fit sa première
constitution, celle de 1791, y mettant un pouvoir exécutif, qui est héréditaire, central, armé de toutes pièces pour le bien public et contre l'obstacle du droit in-
dividuel. Il n'impose à l'autorité qu'un changement
de titre et de base, lui laissant presque toutes ses attributions d'autrefois. Sautons quelques années où les
angoisses du présent et les colères du passé ont fait
de la France une prison, un camp, un champ de bataille : tout ce que la France peut faire en ces san-
glantes années, c'est de n'être pas envahie, c'est de
vivre. Cela franchi, il faut voir comme ce pays excelle
et s'empresse à reconstituer le pouvoir. Il acclame le
Consulat, il acclame les Bourbons, il acclame Casi-
mir Périer et nous l'avons entendu, en 1848, accla-
mer le Gouvernement provisoire d'une République.

C'était provisoire et c'était républicain; mais c'était chose étiquetée gouvernement, et l'adhésion fut universelle. Il m'en coûte beaucoup de le dire; mais je dois ajouter qu'il acclama tout aussi haut le gouvernement né d'un coup d'Etat en décembre 1851.

On a bientôt fait de dire, à l'aspect de certaines vicissitudes, que la France a le goût des révolutions. Mais peut-être n'a-t-elle que le dégoût des mauvais gouvernements ou l'indifférence à l'égard des gouvernements sans grandeur. Cette conjecture est naturelle, quand on parle d'une société comme la nôtre, c'est-à-dire la plus gouvernée, la plus réglementée, la plus administrée qui fut jamais. Il faut commencer et même il faut finir par cette évidence; car elle apparaît à tous les moments de notre histoire.

Cela entendu et admis, vous allez peut-être en conclure que la France est révolutionnaire en ce sens, non pas peut-être qu'elle fait, mais qu'elle laisse faire les révolutions; qu'elle se laisse révolutionner, comme elle se laisse gouverner; qu'elle subit l'invasion d'un parti, tout comme elle subit l'action excessive et permanente d'un pouvoir régulier? Mais cette conclusion n'est guère vraisemblable. Il reste à savoir comment ce pays si peu politique produirait des partis capables si fréquemment de pareilles entreprises. On ne conçoit pas sur un tel fond d'inaptitude ou d'indifférence politique un tel essor des passions politiques, une telle vigueur des partis. Il y a là quelque chose qui se contredit. La présomption est que les révolutions ne viennent pas des partis et de leurs violences, mais surtout des gouvernements et de leurs fautes, qui sont tantôt des excès, tantôt des défaillances. *A priori*, un gouvernement est responsable de tout ce qui se passe dans une société, parce que c'est lui qui en fait l'éducation, non-seulement par ses lois, mais par sa conduite et ses exemples. Il est l'organe du droit, et s'il enseigne mal, s'il pratique mal le droit, il est le premier coupable de tous les désordres privés ou politiques qui éclatent dans cette société. Ainsi je n'accuse pas plus les partis que la nation.

A charger ainsi les gouvernements, on ne croit rien dire de trop. Les peuples et les gouvernements ont sans doute une action réciproque par où ils se déterminent les uns les autres et ne peuvent différer sensiblement ; mais la plus grande somme et la plus grande portée d'action est avec les gouvernements, parce qu'ils ont pour eux la force, non-seulement la force matérielle et officielle, mais la force morale, l'autorité, le prestige, tout ce qui fait la mode et l'opinion, *tout ce qui plie la machine au respect*, comme dit Pascal. Là où est l'action et la force, là aussi bien est la responsabilité ; un peuple mal élevé et maltraité par ses gouvernants, corrompu par les exemples officiels aura peut-être encore la vertu de se révolter : mais il n'aura pas celle de modérer sa révolte. Que le pouvoir ne s'en prenne qu'à lui-même : il a les aventures qu'il mérite et des rebelles à son image.

On ne saurait trop accuser les gouvernements. Pouvoir oblige aussi bien que noblesse. Là sont les grands devoirs, ces peines de toute grandeur. Qui est grand, ne l'est pas pour lui-même apparemment. La Providence rachète l'inégalité de ses dons, en leur commandant de se répandre, de se dépenser au profit de tous. J'ajoute que le pouvoir a pour effet d'élever l'âme et les sentiments, d'ouvrir l'esprit, de faire apparaître l'idée du devoir; d'où il suit que le souverain ou l'homme d'État qui demeure égoïste et insouciant sous de tels aiguillons, sous un tel souffle, est le dernier des hommes, quelque chose comme Louis XV. En fait, la plupart des sociétés sont ce qu'elles sont par la vertu ou par le vice de leur gouvernement. Telles causes, tels effets. Or, les gouvernements représentent dans le monde politique une grande cause, la plus grande qui ait le don d'agir sur les hommes; c'est pourquoi ils sont terriblement responsables non-seulement envers Dieu, mais envers les hommes. Si le pouvoir vient de Dieu, pourquoi les révolutions n'en viendraient-elles pas? Au surplus on n'entend pas donner tort à tous les gouvernements sans exception et faire l'apologie de toutes les révolutions indistinctement. On en sait une qui peut bien passer pour une révolution de luxe et de pure fantaisie, celle de février 48.

CHAPITRE IV.

LA FRANCE N'A NI LES VICES NI LES QUALITÉS QUI COMPOSENT L'INSTINCT RÉVOLUTIONNAIRE.

De guerre lasse, allez-vous dire qu'il y a dans ce pays un besoin de sévir et de spolier, un appétit naturel de sang et de vol qui s'éveille de temps à autre et qui, selon vous, est le fait ou l'idéal des révolutions. Voilà une imputation énorme et cruelle dont la preuve n'apparaît nulle part : tout proteste à l'encontre : et nos sentiments et nos statistiques. A lire les statistiques on se réveille parfois, et l'on est étonné de ne pas voir en nos temps de révolution un redoublement de crimes, tout comme on voit en temps d'épidémie l'accroissement des décès : cela jette un certain jour sur le principe de nos révolutions qui n'est pas, il faut le croire, absolument et purement morbide.

On a déjà eu occasion de le dire, s'il était vrai que ce pays aimât les révolutions et les aimât pour ce qu'elles ont d'immoral, ce pays serait moralement inférieur aux autres ; il n'aurait pas que cette perversion. Quand la conscience d'un peuple se dégrade sur un point aussi capital, il y paraît ailleurs, et ce peuple est atteint, est malade partout. On y verrait plus de malfaiteurs, plus de bâtards, plus de faillis, plus de mendiants, plus de folie et de suicide que partout ailleurs ; on y coudoierait à chaque pas l'improbité du marchand, la simonie et le péculat, la vénalité de tout ce qui ne doit pas se vendre ; on n'y distinguerait nul honneur, ni commercial, ni politique, ni militaire ; nul amour désintéressé des choses d'esprit, nulle prévoyance et nulle épargne dans les familles... Or la statistique ne nous apprend rien de pareil sur la société française. On y voit un progrès, une ascension de toutes les classes par des efforts où le travail, la privation, l'épargne, ont une grande place. A tout appel, le capital paraît, et l'on sait d'où il vient, de quoi il témoigne. Ceci est à l'honneur des classes rurales, cette large et solide base sur laquelle nous sommes assis, ce fond inépuisable des emprunts publics, de l'armée, de la bourgeoisie ; ajoutez que l'esprit des castes défuntes s'est perpétué dans certains services publics, armée, magistrature, enseignement, église, qui sont les successeurs des castes. L'honneur, où elles excellaient, est devenu la conscience publique, du même pas que le privilége des castes est devenu le droit commun. En un mot, rien ne montre, dans la société française aujourd'hui, une société inférieure, soit à son passé, soit à ses voisins.

Vous oubliez, me dira-t-on, que l'humanité est inconséquente, illogique, dans le mal comme dans le bien ; que les mauvais penchants d'une race peuvent se cantonner en quelque sorte et demeurer sans effet général sur les caractères, sur les conduites ; que le sens moral de la France est égaré sur un point seulement, celui du communisme, c'est-à-dire du profit matériel et populaire à tirer des révolutions; que l'on ne peut attribuer un autre projet, un autre sens à l'insurrection de juin 1848 et à la Commune de mars 1871. — Soit : je réduis mes observations et mes inductions au point qui m'est signalé comme le siége unique de la maladie. Mais ce point est grave ; cette tache est de celles qui s'étendent, qui rayonnent. Si les instincts français aspirent au déplacement de la propriété, ce qui est le malin projet dont on les accuse assez clairement, il y a là un insigne oubli du tien et du mien ; et vous pouvez tenir pour certain qu'un peuple où les révolutions seraient considérées comme *une manière d'acquérir*, fort imprévue par le Code civil (ajoutée à la vente, à la succession, à la donation), serait tout au moins un peuple de banqueroutiers frauduleux, de gérants dolosifs, de tricheurs à tout jeu, de faussaires en toute écriture, un peuple de voleurs enfin.

Encore une fois, rien ne témoigne parmi nous d'une telle émancipation des consciences. Il y a des documents officiels pour peser sur ce point comme sur tout autre l'état de la moralité publique. Or, sur ce point, nulle aggravation ne se fait connaître. C'est que le principe n'en existe pas. L'insurrection de juin 1848 n'a pas le sens qu'on lui prête, celui d'une préméditation contre la propriété. J'en dirai autant de la Commune qui a éclaté en mars 1871 à Paris, qui aurait pu piller la Banque de France, et qui, après tout, n'en a rien fait. La vérité est que, quand un peuple a pris les armes, il les reprend une fois ou deux, parce qu'il n'est pas en lui de s'apaiser tout d'abord, et que l'émotion d'un jour terrible, ajoutée à la permanence de ses griefs, c'est-à-dire de sa misère, se propage encore pendant quelque temps. Cela est naturel, historique, comme nous le savons de reste, et s'explique très-bien sans l'hypothèse extrême d'une spoliation voulue et entreprise par les masses.

Il ne reste plus qu'à prévoir une dernière hypothèse. Les révolutions et l'esprit révolutionnaire de la France ne seraient-ils pas par hasard l'excès et la déviation de quelque grande qualité? Supposez un peuple spirituel, audacieux, entreprenant, où débordent l'intelligence et la volonté. Ce peuple aurait dans ses mœurs privées du caprice et même des vices; à coup sûr, il aurait en politique le goût des changements, des essais où naissent les révolutions... Mais, la France n'est pas ce peuple. Encore une illusion! Le portrait que vous venez de faire là serait plutôt celui de la race Anglo-Saxonne. Toute autre est la France. Si elle avait le tempérament que vous venez de supposer, il y en aurait trace ailleurs : on le reconnaîtrait dans toute son histoire : on ne verrait que le Français, soit au XVIᵉ siècle, pour inventer la réforme de Luther, découvrir des mondes nouveaux, des mers nouvelles; soit, de nos jours, pour se répandre en explorations, en émigrations ou colonies, à la recherche de l'or, aux détroits polaires, au centre de l'Afrique, au sommet de l'Himalaya, aux sources du Nil et du Niger, à l'affût des grands singes.... mais le fait est qu'on ne le voit guère à pareille œuvre.

Ainsi vous ne montrez nullement par quelle qualité ou par quelle dépravation la France aurait l'instinct révolutionnaire. Restent nos révolutions....

Mais les gouvernements peuvent tomber sans qu'on les renverse, en cas de suicide par exemple, par la défaillance et l'abandon d'eux-mêmes, quelquefois par témérité. Tout suicide est un acte de folie, disent les médecins aliénistes. Or, je vous le demande un peu, qui sera fou, qui sera monomane, si ce n'est un gouvernement français, héritier d'une idée fixe qui est la prépondérance, l'omnipotence immémoriale du pouvoir exécutif?

J'ajoute qu'on peut renverser les gouvernements, sans y prendre plaisir, par le seul effet d'une nécessité bien sentie...

....

D'une manière générale, on peut donner quelques bonnes raisons de l'instabilité des gouvernements français. Il en est jusqu'à quatre. Nos gouvernements sont fragiles : 1° parce qu'ils ont contre eux une réputation détestable, une véritable suspicion acquise et méritée pendant tout l'ancien régime; 2° parce qu'ils sont trop puissants, chargés de trop de choses, âmes ou intérêts, par où ils dépendent d'une foule d'inimitiés et parcourent une immeuse carrière de bévues imminentes. Quand le gouvernement est un homme, il ne peut porter le poids des fautes qu'il est exposé à commettre : c'est demander à un peuple trop de patience, à un homme trop d'infaillibilité; 3° parce que ce pays agite toutes les questions à la fois, libéralisme, questions sociales, questions extérieures, et que ce serait merveille si le gouvernement avait sur toutes une réponse agréable à tous; 4° parce qu'il n'y a pas, comme autrefois, des castes et des ordres pour s'identifier au pouvoir, à ce point de le maintenir en ses ébranlements ou de le relever en ses chutes.

Il faut remarquer surtout parmi les causes qu'on

vient d'énumérer, celle qui figure en premier lieu : les gouvernements ont les sujets qu'ils méritent, qu'ils ont élevés et façonnés par leurs exemples. De grands suspects, de grands responsables, tels sont les gouvernements. A l'aspect d'un pays qui a l'humeur frondeuse et mal contente, où l'autorité est en défaveur, où le respect est rare, où la raillerie est toute prête sur les personnes publiques, tenez pour certain que ce peuple ainsi fait est l'œuvre de son gouvernement. Le pouvoir est responsable de tout, notamment de l'esprit et des mœurs que vous voyez dans un pays. Le respect est perdu, dites-vous. — Non, il n'est peut-être qu'égaré, faute de savoir où se prendre et de rencontrer le respectable.

La méfiance est naturelle à l'égard du gouvernement dans un pays qui a subi longtemps des dominations mauvaises. Parmi nous, tant d'avanies et de brutalités officielles, dont se compose notre histoire, ont créé des sentiments qui survivent à leur cause : on peut même s'étonner que cette tradition ne soit pas plus violente et plus implacable. Dans d'autres pays encore plus mal gouvernés, il faut croire, ces sentiments allaient plus loin encore : en Italie, par exemple, ce n'était pas seulement le conspirateur, l'insurgé, l'ennemi du gouvernement, qui étaient en honneur, mais le bandit, c'est-à-dire l'ennemi de la société elle-même. Que voulez-vous? la propriété était si mal acquise et si mal répartie, la société était si mauvaise que, prenant les armes contre elle, on avait pour soi la faveur publique, une connivence et presque une complicité de tous : on revenait des galères sans autre stigmate qu'une brûlure à l'épaule. Tout cela, les gouvernements n'ont qu'une manière de le corriger, qui est de se corriger eux-mêmes. Quand ils ont déformé et dépravé un peuple à force de mauvaise éducation, c'est à eux de le redresser par de nouveaux exemples.

La France compte une province où ces mœurs italiennes, auxquelles on faisait allusion tout à l'heure, ont duré longtemps. Rien n'est plus connu que le banditisme et la vendetta des Corses. Or, savez-vous d'où vint l'amélioration que l'on y remarque aujourd'hui? De la loi française et de la justice française. Elles n'y parurent pas tout d'abord dans leur plénitude : c'est seulement en 1826 que le jury fut appliqué à la Corse. Mais, à partir de cette époque, l'équité des procédures et l'autorité des châtiments gagnèrent cette population (1). L'exemple et la pratique du gouvernement émoussa les violences, détendit les haines et rendit au crime sa honte naturelle. Par où l'on voit dans les faits ce qui est évident en soi-même, c'est-à-dire qu'un gouvernement a les sujets qu'il mérite ; que les ayant fait vicieux, son premier soin doit être de réformer en lui-même le vice générateur et contagieux.

Ainsi, rien n'est moins vrai que cette vraisemblance d'un esprit français léger, subversif, révolutionnaire enfin. Il faut avoir la passion du lieu commun et de la surface, pour s'en tenir à cette grossière apparence. Ouvrez donc ce peuple et son histoire : il est catholique, il est monarchique, il est centraliste, il est traditionnel, il a toutes les fibres et tous les

---

(1) Voir le curieux travail d'un magistrat, M. Sorbier, intitulé : *Esquisse des mœurs et de l'histoire de la Corse.*

organes qui enracinent une société, qui l'attachent et
la dévouent au passé pour ainsi dire. L'effet de cette
humeur, c'est qu'il supporte trop longtemps des dominations insupportables, c'est qu'il accumule ainsi, par
un excès de patience, des trésors de colère qui s'épan-
chent quelque jour en catastrophes sans mesure. Mais
cela fait, il s'empresse à relever et à refaire tout ce qui
tombe, tout ce qui lui échappe de gouvernement. Il
ne fait que traverser les révolutions ; il a hâte de
se rasseoir dans l'ordre public et de créer un pouvoir
quelquefois tout pareil au pouvoir qui vient de s'a-
bîmer.

CHAPITRE V.

LA FRANCE MONTRE DANS TOUTE SON HISTOIRE UNE FORCE DE CONVALESCENCE ET DE VIE QUI S'EXPRIME PAR LE BESOIN DE GOUVERNEMENT.

Ce besoin de gouvernement, ce goût de l'ordre et
de l'autorité est la plus forte marque en ce pays
d'une vitalité puissante, c'est-à-dire d'une société ro-
buste ; car la vie, pour les hommes, c'est la société ;
et ce qui fait la société c'est l'ordre, et ce qui fait l'ordre c'est le gouvernement. En France, la société se
retrouve et se renoue dans toute sa cohésion, dans
toute sa discipline et même dans tous ses fruits, après
les secousses les plus violentes et les plus désastreuses.
Elle est même d'autant plus solide, d'autant plus pro-
ductive qu'elle a été plus ébranlée et plus appauvrie :
la réaction vitale ou plutôt sociable se mesure à l'ac-

tion morbide, et prend une intensité d'autant plus réparatrice que le mal a été plus profond.

La raison décisive de croire à un avenir français, raison historique, c'est une force de convalescence qui nous est particulière, un besoin de vivre quand même, une aptitude à renaître, qui triomphe de tout mal et même de toute inquiétude, de tout remords. Ce pays n'a peut-être pas grand sens et grande faculté de combinaison : mais il a ce qu'il faut, travers ou qualité, pour n'être pas accablé de ses fautes et pour se remettre à vivre, à espérer et entreprendre, comme s'il était infaillible, comme s'il avait parole de la fortune et de la Providence. Après la faute (je ne dis pas après le crime), ce qu'il y a de plus mal avisé c'est le remords, c'est-à-dire, un état de doute et d'obstacle intérieur, où l'on n'avance à rien. La France ne fut jamais de cette humeur : elle s'est relevée de ses guerres de religion en dix années de Henri IV. Vous me direz qu'en ces temps il y avait la foi, un fond capable de tout restaurer, en fait de morale et de discipline. Cela est bon à dire : le fait est qu'Henri racheta son royaume autant qu'il le reprit. Les plus fameux ligueurs se vendirent l'un après l'autre, eux et leurs places, tels que Brancas et Rouen.

Si ce pays avait le souvenir de toutes les occasions manquées, de toutes les bévues commises, de toutes les fortunes ratées dont son histoire est pleine, il n'oserait bouger, il demeurerait inerte sous le maléfice de ses souvenirs. Mais il oublie le passé, il ne sait pas son histoire ; il s'élève d'un bond au-dessus de toute inquiétude et de tout remords, et se met à vivre *facili feminarum credulitate ad gaudia*, comme si les choses étaient entières, suivant une locution du palais, ou comme si le monde s'ouvrait devant lui pour la première fois, suivant certaine peinture de Milton, où l'on voit nos premiers parents au sortir de l'Eden. *World was all before* them.....

A quelque chose la légèreté est bonne. Mais la France est-elle légère? J'en doute fort. La France est un pays haineux, nullement léger dans ses antipathies, très-profond dans ses rancunes, extrêmement rageur. Sur ce point et sur bien d'autres, je me défie des apparences, des préjugés, et de ces réputations toutes faites qui sont quelquefois très-mal faites.

Il est facile d'énumérer les désastres militaires, les erreurs ou même les énormités d'esprit et de conduite qui s'accumulent entre le Rhin, les Alpes et les Pyrénées, pour en tirer un jugement défavorable au naturel de la race, au génie de la France; mais, s'il y a tant de choses en France pour la fantaisie et la destruction, d'où vient le grand rôle de ce pays? Comment expliquez-vous sa fortune, ses succès d'esprit et d'épée, cette magistrature, comme dit M. de Maistre, que nous exerçons sur le reste de l'Europe? Voilà un pays étrangement fait, où se rencontre tout ce qui peut appauvrir une nation, dégrader son esprit, la ruiner corps et âme..., et qui, néanmoins, n'a cessé de monter sur l'horizon avec un éclat et une force reconnus de tous ses ennemis, de tous ses détracteurs.

Pourquoi, sous l'ancien régime, avec un air asservi, a-t-elle porté les moissons intellectuelles de la liberté? Pourquoi, de nos jours, avec une mine révolutionnaire, a-t-elle au plus haut degré tous les biens d'une société paisible et régulière, richesse, commerce, littérature et même la victoire longtemps fidèle? En face de tout ce passé, il est permis de croire qu'elle va peut-être continuer à vivre comme elle a vécu depuis 89. Quoi qu'il en soit, nous sommes conduits à chercher le secret de nos destinées ailleurs que dans le naturel de la race et surtout que dans un trait de ce caractère qui serait le goût des révolutions, un appétit de gouvernements nouveaux. Don Juan (le don Juan de Molière) *trouvait aux inclinations naissantes un charme inexprimable :* on ne peut pas dire que la France soit entraînée par quelque libertinage de cette sorte vers les dominations nouvelles.

Pour les effets si variés, pour les contrastes frappants qu'on dénombrait tout à l'heure, il ne peut y avoir une cause seulement, qui serait le naturel de la race. En général, on peut reconnaître trois causes d'un peuple : 1° le naturel ; 2° l'histoire, le tour des événements ; 3° le milieu, c'est-à-dire le climat, la configuration du territoire. Or, je reconnais et j'accuse dans le sort de ce pays bien plus le tour des événements que le naturel de la race. Je vous dirai tout d'abord : n'accusez pas la France de servilité monarchique. Il n'y a rien de servile dans le bien qu'elle a voulu si longtemps à ses monarques, mais une affection, une complaisance, peut-être une gratitude envers le seul pouvoir qui, au moyen âge, ne fût pas purement égoïste et oppressif. Comme ce pays obéissait volontairement, il ne se dégradait pas dans son obéissance. Conservant intacte sa dignité, il a produit ce que vous savez, et cela dès le moyen âge, dans le domaine de l'art, de la science et de la pensée.

Comment ce pays n'aurait-il pas aimé la royauté,

les gouvernements personnels, et même le pouvoir absolu ? Il est ce qu'il est, par la grâce de ce passé qui, après tout, l'a élevé très-haut parmi les nations modernes. Seulement, il a de la peine, sous cette influence, à se faire libre, à se gouverner lui-même, selon l'exemple qui lui est donné par les sociétés modernes. Ces sociétés (c'est de l'Angleterre que je parle surtout) étaient moins brillantes et moins policées que nous au XVIᵉ et au XVIIᵉ siècles. Si nous remontons au moyen âge, nous voyons l'Angleterre affreusement opprimée par ses rois : tout lui est venu de là. Comme cette oppression pesait sur les nobles et sur les prêtres, classes qui partout ailleurs étaient libres et même souveraines à cette époque, c'est ce qui a sauvé l'Angleterre : sa noblesse a revendiqué pour elle et pour le reste du pays quelque chose comme des droits. La noblesse a pris là un rôle salutaire et magistral ; elle est devenue une classe d'Etat, elle a acquis les qualités de gouvernement, elle a fondé ainsi un gouvernement public et non pas personnel, ce qui est le fait, ce qui est la notion propre de la liberté. Avec le temps, les qualités politiques de l'aristocratie anglaise sont devenues des qualités nationales, tout comme les qualités de la chevalerie et des parlements sont descendus de ce type, de cette hauteur, dans l'âme de notre armée et de nos juges. Ce qui s'est passé là, chez nous, est précieux : voilà de grands services publics bien exécutés ; mais cela ne fait pas un peuple libre.

Nous avons une lacune qui tient au néant de notre passé, dès qu'il est question de liberté politique, de classes politiques, de chose publique, ressentie et gouvernée comme telle par l'ensemble de la nation ou par certaines classes de la nation. Tel est le malheur de cette lacune que nous ne pouvons être libres de cette manière aisée et puissante qui appartient aux Anglais. Mais en même temps par la présence, par l'affluence des notions et des revendications qui caractérisent un pays avancé et policé, entre tous, nous ne pouvons être étrangers au gouvernement de notre pays. Voici comment la situation s'est dessinée, comment le problème s'est traité depuis 89 : nous n'exerçons pas le gouvernement, mais nous le jugeons, au besoin même nous l'exécutons. C'est ce qu'on appelle notre esprit révolutionnaire. Que voulez-vous? c'est l'esprit d'un peuple que rien n'a préparé à être libre, et auquel tout défend d'être esclave. — D'abord un fier souvenir laissé par les castes, ce sentiment d'honneur dont parle Montesquieu, qui tient les hommes debout, même les courtisans en face du roi. — Ensuite la propriété du sol entre tant de mains qui cessent par là d'être des mains serviles. — La culture des esprits, très-ancienne et très-répandue, avec des fruits qui ne sont pas seulement la diffusion, mais le progrès de la science. — Pardessus tout, la gloire à chaque page du passé : c'est la gloire qui fait l'âme d'un peuple : une société qui a le sentiment de sa grandeur n'est pas faite pour tenir dans la main d'un homme et pour subir un pur despotisme.

Royautés françaises, royautés nouvelles et improvisées qu'on reverra peut-être, car tout arrive, soyez modestes et méfiantes de vous-mêmes. De grâce, n'écrivez pas que vous êtes inviolables ; le temps est passé des fictions et des priviléges. On vous violera parce que vous ferez des fautes, et vous en ferez parce que le gouvernement est une occasion, une nécessité de faillir qui accable son homme, fut-ce un roi étiqueté héréditaire, perpétuel, pour régner à jamais, lui et les siens, de mâle en mâle, par ordre de primogéniture..... Vous me direz que ceci est la voie des révolutions, pleine de crimes et de catastrophes. Non, c'est simplement l'école française des peuples et des rois, où les uns apprendront peut-être la virilité, où les autres perdront peut-être leur infatuation.

CHAPITRE VI.

DE L'ÉGOÏSME HUMAIN COMME OBSTACLE GÉNÉRAL A LA LIBERTÉ, LAQUELLE EST LE GOUVERNEMENT PAR LES GOUVERNÉS.

Il en coûte cher pour instruire ainsi les peuples et les rois. Les uns y laissent quelquefois leur couronne, les autres y subissent toujours une terrible épreuve, un ravage en quelque sorte des mœurs et des fortunes. Mais comme dit Sylla : *Quel que soit le prix de cette noble liberté, il faut le payer aux Dieux.*

Sans phrase, rien n'est difficile comme la liberté politique, laquelle n'est pas moins que le gouvernement par les gouvernés ; voilà le problème. Ajoutez que les gouvernés sont des égoïstes, que tel est le fond humain, le péché originel de l'humanité : de sorte qu'il s'agit de demander à des égoïstes la répression de leur propre égoïsme. Y êtes-vous ? Sentez-vous comme les complications croissent à vue d'œil ?

Encore n'ai-je pas tout dit : la liberté, étant donné le suffrage universel, c'est le gouvernement livré à tous ces égoïstes dont la plupart sont ignorants et besoigneux, à tous également et indistinctement. Est-ce à dire que ce soit le gouvernement entre les mains des esclaves ? Un ancien, Scipion ou Aristote, en jugerait ainsi et se voilerait la face à l'idée de ce que les esclaves vont faire de leurs maîtres. Si, du moins, ces affranchis comportaient et connaissaient quelque chose comme un frein, comme une règle, pour les contenir en même temps que pour les affranchir !... Je ne vous promets rien à cet égard : j'entrevois au contraire un dernier trait par où nos révolutions sont hasardeuses entre toutes et ne ressemblent à rien de connu parmi les événements de ce genre. Ailleurs en effet, chez les Allemands et chez les Anglais, les révolutions étaient à base et à fin religieuse, ce qui est une source de révolutions bien propre à les modérer. Il y a peut-être là de quoi mettre une règle, une limite à ces ébranlements qui ont l'immoral par l'imprévu, qui étonnent et accablent les consciences par l'épreuve des nouveautés. Quand les hommes veulent être libres dans l'ordre religieux, c'est-à-dire dans une chose qui est une répression morale, une discipline, ils revendiquent en quelque sorte le droit d'accomplir leur devoir, de le définir tout au moins. Ils en professent à coup sûr la notion et le souci.

Tout autres sont nos révolutions, avec une origine et un but d'ordre positif qui se rapporte à des biens moins élevés.

Il ne faut pas dire pour cela que la France est irreligieuse, car nul pays ne prend plus de plaisir aux grands hommes. Or, pour les aimer, il faut y croire : et cela est autrement difficile que de croire en Dieu. Cela suppose une puissance de foi et d'illusion bien supérieure à celle qui se déploie dans le champ du surnaturel. Il ne serait pas plus exact de dire que l'esprit révolutionnaire de la France s'en est pris à la religion : il n'était dirigé que contre l'Église, et cela parce que l'Église faisait partie des pouvoirs publics d'autrefois, parce qu'elle s'était encadrée dans le régime féodal, parce que, même à la fin du siècle dernier, l'abbé de Saint-Claude avait des serfs et faisait valoir ce servage. Retenez ce mot qui explique bien des choses. Nous a-t-on assez reproché cette fameuse *déclaration des Droits de l'homme* avec omission de l'article *Devoirs !* Reproche mérité sans doute ; mais enfin le droit était ce qui nous manquait le plus et la chose à proclamer le plus haut. Les religions et les gouvernements nous avaient fait une leçon surabondante de règles, de compressions et de contraintes. Comme l'individu en était écrasé et broyé, on peut dire que relever l'individu était la chose urgente et pour ainsi dire unique. A ce titre, la Révolution de 1789 fut un événement de même valeur que l'invasion des Barbares. Elle apporta la définition du droit humain, tandis que les Barbares en avaient apporté le sentiment confus, l'instinct puissant, bref ce qu'on appelle aujourd'hui l'individualisme. Donc cette déclaration était nécessaire, bien avisée, bien décrétée. Mais enfin le tempérament et le frein n'apparaissent nulle part en nos révolutions. Qui dit révolution, dit par cela même une abolition des règles reçues et des pouvoirs établis, un déchaînement des instincts, une rupture des traditions. Telle est la surface et le sens naturel d'une révolution. D'où il suit qu'elle court grand risque d'être malfaisante et corruptrice, si elle ne porte pas dans ses fins et dans ses impulsions quelque chose de religieux pour suppléer à tout ce qui tombe, à tout ce qu'elle détruit de barrières morales ou extérieures.

Tel lecteur pourrait se rappeler qu'au moment de telle révolution, il était peut-être sur le bord d'une mauvaise action, et que la révolution éclatant. . . . . il l'a commise, il a franchi l'obstacle de sa conscience, il a cédé à l'attrait de l'abîme, parce qu'une révolution encore qu'elle touche au pouvoir seulement, a l'air de toucher à tout, d'emporter et de renouveler tout, sonnant aux oreilles une fanfare de licence et d'impunité. Si, du moins, la religion accordait à ces grands mouvements une certaine considération, et se mettait en peine de la morale nouvelle, des préceptes nouveaux qui s'y appliquent! Mais point : la religion, procédant ici comme une secte, comme un parti, réprouve tout d'une réprobation absolue.

CHAPITRE VII.

L'IRRELIGION EST-ELLE UN OBSTACLE PARTICULIER PARMI NOUS A LA LIBERTÉ ?

On voit que nous tentons à cette heure une expérience prodigieuse, essayant la chose du monde la plus difficile, dans des voies obscures, sur un terrain qui se dérobe. Pourquoi donc les philosophies et les religions n'ont-elles rien à nous apprendre là-dessus ? Voilà des institutrices bien fautives, bien négligentes. Comment ! vous êtes la science de l'homme, la discipline de l'homme, et vous ne savez rien nous dire sur ce rôle nouveau qui nous échoit, sur ce que vaut l'homme politiquement, sur ce qui peut accroître cette valeur ! enfin sur ce qu'il faut craindre ou espérer de l'homme érigé en souverain ! J'attends et je réclame une nouvelle révélation, qui ne serait pas de trop : car il me semble que nous aurons bien de la peine à suppléer par un effort de raison théorique à cette laborieuse acquisition de la liberté, laquelle s'est faite en 600 ans et plus parmi nos voisins.

Voilà donc où nous en sommes ou plutôt ce que nous sommes : un peuple sans religion, un peuple où les idées et les institutions religieuses sont en décadence, qui prétend néanmoins s'élever et s'améliorer dans l'ordre politique et parvenir à se gouverner lui-même. Cela ne s'est jamais vu, c'est la première fois que les hommes se confient à leur raison, rien qu'à leur raison, répudiant — soit la leçon des mœurs et de l'histoire, — soit la discipline d'en haut et la lumière surnaturelle que les individus et les gouvernements

avaient reconnues, avaient invoquées jusque-là. La
chose éclata en 93, où l'on vit des déesses de la Raison ;
mais ce culte avait commencé sous l'ancien régime.
Au xviiie siècle, il n'était question que de la nature et
de la raison : c'était ce qui manquait le plus à ces
temps passionnés et maniérés, malgré beaucoup d'esprit et de droiture.

Il y avait alors une croyance universelle aux droits
humains, une confiance non moins universelle dans
la raison comme capable de les conquérir et de les
rédiger. *Les droits des hommes réunis en société*, disait
Turgot, *ne sont pas fondés sur leur histoire, mais sur leur
nature*. Nous venons de le remarquer : la raison invoquée alors l'était non-seulement contre le surnaturel
et le divin, mais contre le passé. Quand la Bretagne
redemande ses Etats, voyez comme Mirabeau lui fait
la leçon : *Ce n'est pas dans de vieilles chartes qu'il faut
chercher le droit de la nation, c'est dans la raison : ses droits
sont anciens comme le temps et sacrés comme la nature*.
A la longue, cela devient monotone et insoutenable.
Quand on tient la vérité ou même seulement la moi-
tié de la vérité, comme faisait Mirabeau en cette
occasion, il ne faut pas lui faire l'injure de la déclamer. Il n'y a pas jusqu'au roi qui, dans la séance
royale du 4 février 1790, ne félicite, *au nom de la raison*,
les départements substitués aux provinces !

Je m'empresse de le dire, ce que nous constatons
ici d'aigu, d'effréné, est l'état logique et apparent
des choses plutôt que leur état réel. Il n'est pas au
pouvoir humain de rompre ainsi avec le passé. Nul
doute que la religion ne persiste dans certaines âmes
et que le christianisme n'ait laissé dans toutes certains

fruits de sa longue domination. Rien ne prouve que la France soit sans religion. Mais, pour plus de sûreté, nous ferons bien de jeter un coup d'œil en passant sur cette question : une société peut-elle vivre sans religion ? Question toute française, car, quelle que soit parmi nous la réaction religieuse, il faut avouer que le livre de Lamennais sur l'*indifférence en matière de religion* conserve encore un véritable à-propos. C'est le cas, il me semble, d'interroger l'horizon et de se figurer l'avenir en conséquence.

Il n'y aurait pas de question, si la religion contenait à elle seule toutes les idées, toutes les impulsions, tous les freins de l'ordre moral, qui agissent sur les hommes. A ce compte, une société sans religion serait une société perdue, frappée à mort, qui va se dissoudre et tomber en ruines au premier jour. Mais la religion n'est pas cette règle unique, et n'a pas cette compétence exclusive sur les âmes, sur les conduites. Elle est un produit de ce fonds qu'on appelle l'esprit humain, entendant par là les pouvoirs d'intelligence et de conscience qui nous appartiennent. Or, ce produit n'est pas le seul qu'on puisse attendre de ce fonds, lequel préexistait aux religions et pourrait bien leur survivre avec toute sa fécondité.

En parlant de la sorte, nous n'entendons rien articuler, rien insinuer contre le caractère divin des religions. Si la religion est un développement de l'intelligence humaine, il est vraisemblable que ce développement est voulu et décrété d'en haut. Cela est vraisemblable comme l'existence de Dieu. Avec cette source reconnue, une religion est divine et demeure telle, nonobstant le concours de l'esprit humain. Ce concours, qui n'ôte rien au titre divin des religions, est nécessaire. Comment Dieu agirait-il sur l'homme, si ce n'est au moyen de la nature humaine, dans les limites et dans les proportions actuelles de l'entendement qu'il y a mis? Aussi bien, comment cet organisme pourrait-il intercepter et réduire à rien le souffle divin ?

De grands esprits ont reconnu, ont établi péremptoirement les harmonies du christianisme avec la raison humaine. *Je reconnais*, dit Turgot, *tout le bien que le christianisme a fait aux hommes ; mais son plus grand bienfait est d'avoir éclairci et propagé la religion naturelle.* Paroles mémorables à une époque où toute religion était traitée d'imposture et d'invention humaine par les uns, enseignée par les autres comme une révélation, comme un éclair divin, venant percer tout à coup les ténèbres morales où vivait l'ancien monde. Quant à Joseph de Maistre, tout son effort est de montrer que l'idée de rédemption fait partie de l'esprit humain et fait suite notamment à l'idée de *sacrifices* dont se composaient les religions et les cultes de l'antiquité.

Ainsi, le lecteur est bien prié de ne rien voir d'irreligieux dans ce qui précède. On ne croit pas avoir nié le caractère divin des religions : on se borne à dire qu'elles ne remplissent pas l'esprit humain tout entier, et qu'il y a place à côté d'elles pour d'autres mobiles d'une véritable puissance. — J'invoque tout d'abord une preuve entre toutes, vous priant bien de remarquer la plus grande force morale, la plus grande impulsion qui soit parmi les hommes modernes : l'honneur. C'est ce qui fait le soldat, le marin, le duelliste, le médecin des épidémies. D'après Montesquieu, c'est ce qui relève le courtisan, qui le tient debout en face du roi absolu, qui distingue la France de la Turquie; c'est une borne au pouvoir absolu, quelque chose de considérable apparemment. Avec l'honneur on a une conscience écoutée, l'homme n'obéit pas à l'homme, on discute les ordres reçus et l'on répond comme le vicomte d'Orthès à des ordres de massacre; si toutefois cette lettre fameuse n'est pas une pure invention d'Agrippa d'Aubigné, de quoi il y a certains indices. De nos jours, un assez grand écrivain, Alfred de Vigny, a repris cette thèse et l'a développée avec force, considérant l'honneur comme la seule foi qui ait duré en ce pays et comme suffisant à le sauver. Au fait, il n'y a rien de si puissant que l'honneur dans le monde moderne. Il s'est créé là une force d'inertie et même une force d'entraînement qui triomphe de l'instinct vital sur le champ de bataille, sur le pré, devant les épidémies : cela dit tout. La religion a ses incrédules, la morale a ses mécréants ; mais l'honneur oblige tous les coquins à l'hypocrisie. Outre les effets éclatants et triomphants qu'on vient de dire, il en a d'autres, tout aussi réels, tout aussi reconnaissables, défendant aux magistrats de vendre la justice, aux commerçants de subir un protêt. On pourrait appliquer l'honneur à l'éducation des filles en même temps que la religion et tout ce qu'il y a de freins connus. Comme l'honneur est le respect de soi-même, l'observance de la parole donnée, le contact du soufflet érigé en mortelle insulte, l'inviolabilité de la personne... une femme élevée dans ce sentiment et dans ces analogies aurait la première vertu de son sexe.

Voilà donc une société sans religion, où le militaire, le magistrat, le commerçant, le médecin, la femme même peut-être auraient les qualités élémentaires de leur état.

J'ai parlé d'honneur tout d'abord, parce que c'est la chose, en dehors des religions, la plus moderne et la plus frappante dans son action sur les hommes. Mais en remontant vers l'antiquité, on voit la conscience et la conduite humaines se dégager de la théocratie, reconnaître et subir d'autres impulsions. Ainsi, le patriotisme, le dévouement, la passion militaire et héroïque se manifestent pour la première fois parmi les Grecs dans l'histoire du monde. Les Grecs ont absolument inventé ces choses, dit un homme d'esprit, comme Flavio Giojia a inventé la boussole. Or, cela est arrivé aux hommes, alors que dans cette péninsule de la Grèce ils s'étaient affranchis des influences théocratiques et sacerdotales, dominantes en Orient. Déjà commençait la division du spirituel et du temporel, division qui est la plus grande découverte humaine, plus grande que l'imprimerie : car sans cette découverte le livre n'eût servi qu'à répandre et propager les fétichismes régnants, les orthodoxies surannées et malfaisantes.

Si nous poursuivons le dénombrement des influences qui ont agi sur le monde en dehors des religions, nous avons à franchir quelques siècles, et à considérer l'invasion septentrionale qui a renouvelé l'Europe. Les barbares ont apporté avec eux une nouveauté capitale, ainsi que nous l'avons expliqué plus haut : l'individualisme. Ils ont apporté cela, dis-je, comme Parmentier a apporté la pomme de terre, et cela n'est pas moins qu'une substance nouvelle.

Maintenant, est-ce à dire que ces influences non religieuses ou plutôt non sacerdotales subies par le monde, ne soient pas des influences divines ? Le fait est qu'une société n'est jamais sans une religion, jamais du moins sans une influence d'en haut sur les idées humaines, qui s'ajoute à la conscience individuelle, à l'opinion publique, à l'empire des lois et de l'État, qui parle de plus haut, quelquefois avec prestige et tonnerre, quelquefois avec toutes les véhémences d'un sentiment. Admettre d'autres influences sur l'homme que l'influence religieuse, proprement dite, ce n'est pas nier l'intervention divine dans les affaires du monde et dans les idées de l'homme en général. Tout est divin au monde, dès qu'il y a un Dieu. Que si vous n'admettez pas un Dieu, vous êtes forcé d'admettre des lois naturelles comme gouvernant le monde. L'hypothèse à rejeter entre toutes, c'est que les choses soient livrées à leur caprice ou au nôtre. L'homme et le hasard n'ont pas charge de l'univers : qu'ils se le tiennent pour dit. Il y a pour cela une providence ou des lois naturelles, c'est-à-dire un ensemble d'habitudes que l'être et la vie ont revêtu. Comme les choses nous apparaissent dans un enchaînement où elles dérivent les unes des autres, avec une continuité d'allure qui ne se dément pas, c'est que le hasard n'est pas de ce monde. Quant à l'homme, il ne s'est pas fait et il n'a rien fait : j'ajoute même qu'il ne règle et ne gouverne quoi que ce soit. Il est clair que nous ne faisons pas notre destinée individuelle ni sociale; que nous sommes libres, mais non souverains; que les choses les plus intéressantes pour nous s'accomplissent en nous et autour de nous sans que nous nous en mêlons; que nos actes nous appartiennent en toute responsabilité; mais que la suite et l'effet de nos actes nous échappent et appartiennent à des lois dont nous ne sommes ni les auteurs ni les maîtres.

Ainsi, il y a quelque chose de surhumain dans un fait aussi universel que les religions, quelque chose d'imposé à l'homme, de nécessaire à l'homme, n'étant ni de son choix ni de son invention. Il ne nous est pas permis de dire comme le faisait le xviiie siècle, qu'une religion est une imposture de prêtres, un caprice de barbares, un produit complexe de la méchanceté, de la fourberie et de la bêtise humaines.

Non il ne faut pas croire qu'une société puisse vivre uniquement des passions ou des combinaisons humaines, des instincts et des calculs de l'individu. « *Mens agitat molem.* » Naturellement, nécessairement, ce souffle supérieur agit en nous et par nous, puisqu'il agit sur nous. Les religions, pour être puissantes et impérieuses, n'en font pas moins suite à l'esprit humain, le prenant comme il est, pour le pousser où elles veulent. L'esprit de l'homme est le fonds développé par les religions : ce fonds supporte tout; il n'y en a pas d'autres du moins pour produire une action sur nous. La religion est une culture divine de ce fonds; mais ce fonds peut être divinement cultivé d'une autre façon et avec d'autres produits, où n'apparaît pas le caractère religieux proprement dit. Ainsi, l'Orient paraît admettre que les arts de la vie matérielle — écriture, charrue, navigation, tissage, poterie — sont autant de révélations divines. Pourquoi pas? Ces arts élémentaires dépassent de cent coudées les plus hautes inventions modernes.

Il suit de là qu'une société n'est jamais sans quelque assistance surhumaine, jamais livrée à l'homme tout crû, alors même que les choses extérieures et usuelles de la religion semblent tomber en désuétude. Il n'y a jamais un moment, un état dans la vie sociale, où les calculs et les instincts de l'individu, où les lois et la force de l'Etat, où la liberté civile et le jeu des intérêts suffisent à cette vie. La simple humanité ne fournit rien par-delà ces trois choses pour gouverner le monde ; mais ces trois choses sont impuissantes. Une société tomberait en dissolution, qui n'aurait pas d'autre ciment. Une société, quoi qu'elle en ait, ne saurait échapper aux lois naturelles ou aux décrets divins qui la dirigent et la maintiennent. L'esprit de Dieu souffle où il veut, dit l'Écriture : une image qui n'exprime pas mal ce gouvernement divin dont l'humanité est le théâtre et le sujet, gouvernement variable et changeant en ses procédés, permanent en sa providence.

Vous tenez à l'influence religieuse, vous identifiez la religion et la société, parce qu'une religion est à vos yeux un code de morale. Tel est en effet le christianisme. Mais une religion est volontiers toute autre chose, par exemple une conception, un explication de l'univers, où la règle morale n'a rien de prépondérant : telle était la mythologie. *Les païens avaient une morale*, dit Théodoret, *le paganisme n'en avait pas.* Le christianisme lui-même, si vous demandez aux religions une saine influence sur l'ordre politique, n'enseigne rien en fait de droits et de devoirs politiques. Ainsi Dieu agit sur le monde ; mais on pourrait croire à quelque lassitude de son action religieuse. Il semble en effet que l'autorité des religions diminue sous deux rapports : — D'abord, parce qu'une religion est une explication universelle des choses, exemple : la Genèse. Or, la science est venue prendre sur ce terrain la place de la religion. — Ensuite, parce que si la religion, la chrétienne surtout, est un enseignement moral, une règle de conduite, ce n'est pas une raison pour qu'elle convienne aux temps actuels. Le fait est que cette religion est sans précepte sur des choses postérieures de deux mille ans à son apparition dans le monde : la politique et l'industrie.

Ainsi nous avons à traiter le cas d'une société où la religion et les influences cléricales ont perdu quelque chose de leur empire. Toutefois, nous avons parlé au début d'une réaction religieuse, très-sensible depuis 30 ans, le tout après avoir rappelé l'irreligion qu'a montrée le siècle dernier. Tout cela n'est guère intelligible. On ne comprend pas cette succession ou cette imminence de faits contraires, produits apparemment par une succession d'idées contraires. Est-ce à dire tout simplement que l'esprit humain soit un pur caprice, une vicissitude sans lois, une série de hasards ?.... Non, il s'en faut de tout, l'esprit humain a ses lois, mais les lois d'un esprit, lui laissant tout son jeu, toute sa responsabilité d'agent moral. Il n'est pas rectiligne.

C'est ce qu'on peut voir clairement en ce sujet même des religions et des révolutions. Ces grands mouvements d'idées, de mœurs et de lois, qu'on appelle révolutions, ne vont pas toujours droit devant eux d'une allure régulière et soutenue, ne se propagent pas tout d'une haleine. Ils ont des temps d'arrêt, des déviations et même des retours nommés aujourd'hui réactions. Toutefois, c'est leur destinée infaillible, après mainte vacillation, de se redresser, de reprendre leur direction première et d'y rester à jamais. L'Angleterre en est un éclatant exemple. Religieuse qu'elle était au point de départ de ses révolutions, elle se retrouve religieuse aujourd'hui, après une longue et vive intermittence du sentiment initial qui l'avait mise en mouvement. Oui, les Anglais eurent une longue réaction irreligieuse. Il faut voir comme la chose est contée, comme elle est expliquée surtout dans un livre magistral, par un des plus beaux et des plus grands esprits de notre temps (1). Que voulez-vous? Rien ne triomphe sans inspirer la haine aux vaincus, et un certain dégoût aux vainqueurs eux-mêmes, honteux de leurs moyens et de leurs auxiliaires. En Angleterre, la cause religieuse des révolutions ne fut pas plutôt gagnée, qu'elle subit un certaine disgrâce d'opinion. Penseurs, politiques, gens du monde, romanciers, tournèrent à l'athéisme. Pendant près de quatre-vingts ans tout porta la trace de ce revirement. La mode s'en mêla et prit parti contre les mœurs austères et maussades, contre les passions sérieuses et violentes qui avaient fait la fortune de Cromwell. Mais cet état des esprits était accidentel, temporaire, étranger à la substance anglaise à ce fond d'esprit religieux qui avait fait les révolutions de ce pays et qui en a repris possession de nos jours.

(1) *La politique libérale* par M. de Rémusat.

Pour tout expliquer par un nom, Bolingbroke fut le maître et le modèle de Voltaire. Seulement le maître a passé et l'élève est resté. C'est que le maître était l'organe d'une réaction, tandis que l'élève était le précurseur et l'agent d'une révolution. A quoi bon le dissimuler ? Tel est notre passé, que notre révolution fut faite contre les deux puissances qui sont le plus capables de conduire les peuples et de leur apprendre à se conduire eux-mêmes, c'est-à-dire contre la noblesse et l'Église. Quand nous serons libres, nous aurons gagné une prodigieuse gageure.

Il s'en faut de beaucoup que cette donnée première et anticléricale de 89 ait persisté dans sa plénitude. Renouvelée en 1830, elle fut interrompue, il y a plus de vingt-cinq ans, par une réaction très-marquée dont nous avons encore le spectacle aujourd'hui. Cette réaction est réelle, est sincère : toutefois la profondeur et l'avenir lui manquent. Naturelle, elle l'est sans doute, mais de même nature que la réaction nobiliaire, attestée par le goût récrudescent des titres et des particules dont le gouvernement est obsédé, qui ressuscite à vue d'œil et qui est un travers bourgeois bien plus que patricien. Il me semble que ces deux réactions ont même puissance, même portée : l'une ne menaçant pas plus l'égalité des personnes que l'autre n'est dangereuse pour l'indépendance du pouvoir civil et de la raison humaine. Vous me direz que le pouvoir clérical s'est emporté de nos jours à des affirmations, à des intolérances de paroles inouïes. Mais il n'est pas clair que ces excès marquent la force ni même la confiance. Demandez à l'histoire ce qui en est. Sans remonter à Julien, à Symmaque et à leurs restaurations mal avisées, une histoire assez récente vous montrera l'ancien régime, quand tout s'acheminait vers 89, promulguant un édit pour imposer à tout sous-lieutenant quatre quartiers de noblesse. Les dieux ne s'en vont pas sans un certain tonnerre.

Ceci n'est pas moins qu'une loi de l'histoire, qu'une façon élémentaire du progrès accompli par les révolutions. Ces grands mouvements chancèlent, mais ne tombent pas. Leurs écarts sont suivis de redressements infaillibles. *Une courbe rentrante*, telle est leur figure, que j'emprunte à M. de Maistre, parce que c'est lui : car ici l'image la plus juste serait celle de la marée montante, où chaque flot se retire, mais après avoir porté un peu plus loin que le flot précédent, de telle façon qu'en définitive force reste à l'ascension.

Ainsi, tout comme les révolutions d'Angleterre, à base et à fin religieuse, ont fait, après mainte éclipse, une société religieuse ; de même nos révolutions dirigées, non pas contre le sentiment religieux et la religion, mais contre le pouvoir et l'esprit clérical, qui était un des privilégiés d'autrefois, a fait une société qui demeure ennemie de la puissance et des maximes cléricales.

En résumé, nous voyons toujours parmi nous, soit le sentiment religieux, soit les influences surhumaines d'où dépend toute grandeur, toute morale ici bas. Toutefois, en général on entend par religion un ensemble de croyances, de mœurs, de pouvoirs qui font grande figure dans la société. Ce mot représente d'abord des choses intimes et immatérielles, mais ensuite un culte, une église, une hiérarchie, c'est-à-dire des choses extérieures et réelles de la plus haute apparence. C'est la religion entendue et figurée de cette seconde façon qui paraît compromise parmi nous.

Si la religion était l'unique expression du droit, la théocratie serait le seul gouvernement légitime, elle serait même absolument nécessaire, et l'on n'en verrait pas d'autres parmi les hommes. Mais cette vraisemblance n'est pas la vérité : le fait est que l'Occident a grandi en évinçant la théocratie, en créant la division du spirituel et du temporel. Cela posé il faut croire une de ces deux choses — ou que le monde subsiste par des ressorts moraux qui s'ajoutent au ressorts religieux — ou que la religion est le seul ressort moral, mais que s'il régnait seul, il éteindrait et figerait la société : un résultat encore plus fâcheux que certain désordre d'existence sociale.

Il ne faut pas quitter ce sujet sans répondre d'une manière précise à la question que nous avons posée au début : une société peut-elle vivre sans religion ? Oui, si par religion vous entendez les cérémonies, les églises, les orthodoxies formulées et apparentes. Non, si religion signifie pour vous les croyances, les impulsions morales qui descendent d'un Sinaï divin ou naturel, sur l'esprit et sur la conscience de l'homme. Nous ne vivons pas plus de nos instincts et de notre raison que nous ne vivons de pain. A ce compte, une société ne peut jamais être absolument vidée de cette religion intime et transcendante. A quel signe se reconnaît donc une société malade ? A des signes variés, nombreux, intimes, qu'il n'est pas impossible de détailler, mais dont le déclin des Églises ne fait pas nécessairement partie : c'est tout ce que nous avons voulu montrer ici.

Notre dernier mot est ceci : les religions ne remplissent pas l'esprit humain tout entier, ne le composent pas à elles seules ; l'esprit humain lui-même ne remplit pas le monde, ne suffit pas à gouverner les sociétés humaines ; quelque chose de supérieur y descend et leur apparaît à cette fin, dont il est simplement l'agent et l'interprète.

CHAPITRE VIII.

D'UNE CHIMÈRE QUI EST LA DÉMOCRATIE : D'UN ORGANE EXCESSIF DE CETTE CHIMÈRE QUI EST LE SUFFRAGE UNIVERSEL.

Toute réflexion faite, c'est forcer l'hypothèse que de parler aujourd'hui d'une France sans religion. C'est prêter à notre situation et à ses problèmes un trait excessif, une donnée violente, qui n'y est pas et qui ne peut pas y être. Il y a deux obstacles à cela, non-seulement la loi de continuité universelle qui nous gouverne tout comme le reste de la création, mais les lois mêmes de notre nature, lesquelles impliquent un ressort surhumain, c'est-à-dire quelque chose par delà nos instincts et notre raison pour nous conduire. Ainsi la nouveauté qu'on signalait tout à l'heure en posant le problème politique et comme l'aggravation de ce problème, cette nouveauté, dis-je, sous forme irreligieuse

4

n'a pas et ne peut avoir toutes les proportions qu'elle affecte. Elle a ce qu'il faut néanmoins pour faire à la France une situation inouïe parmi les peuples. Une nation peut-elle vivre et s'améliorer, confiant la souveraineté à tous les hommes *également* et pratiquant l'indifférence en matière de religion, avec des maximes de progrès, avec un idéal de progrès purement laïque?

Ce qui vous inquiète ici, c'est la médiocrité de cet idéal, borné au-bien être, au ras de terre pour ainsi dire. Mais ceci n'est qu'une surface. Il faut voir ce qu'est le bien-être, pas moins qu'un préalable, qu'une condition nécessaire pour affranchir l'intelligence et lui rendre ses ailes. L'homme qui appartient au travail manuel, à l'effort musculaire, au souci du gagne-pain, qui dépend du travail à faire et du travail à trouver, de son salaire et de sa chasse au salaire, ce sauvage en un mot, porte en lui des facultés d'esprit qui sont comme si elles n'étaient pas, n'ayant ni le temps ni l'occasion de les dresser et de les exploiter : par où la recherche du bien-être, dans la limite et l'humilité de ses apparences, est le moyen voulu pour une fin toute spirituelle.

La première élévation d'esprit, l'astronomie, s'est faite parmi des peuples pasteurs (Chaldéens, Assyriens) non parce qu'ils passaient leur vie dans des plaines où rien ne leur masquait les astres, mais parce que ces plaines leur nourrissaient des troupeaux, un gibier domestique, une subsistance assurée, où ils trouvaient du loisir et de l'essor pour leur esprit, c'est-à-dire, une liberté, une puissance de ce côté inconnue aux peuples chasseurs. lesquels vivent dans l'acca-

blement perpétuel de leurs chasses ou de leur diges-
tion.

Savoir si une société peut vivre sans religion, si la
France est cette société, s'il y a des équivalents aux
religions, c'est une série de problèmes qui touche à
la vie des sociétés. Aujourd'hui le monde voit ces
questions, et les étudie à mesure qu'elles paraissent ;
mais il ne faut pas croire que les questions vitales
aient toujours été épargnées au monde, et qu'elles y
paraissent pour la première fois. Il faut le remarquer
en passant, un problème analogue fut proposé aux
hommes, il y a deux mille ans : le monde pouvait-il
vivre sans esclaves ? Le travail, en ce qu'il a d'humble
et de répugnant, mais de nécessaire, pouvait-il être
autre chose qu'un travail contraint et forcé ? Or, le
problème s'est résolu.... à moins qu'il ne dure encore
sous le nom de socialisme. Toujours est-il que le monde
a vécu, a cheminé, a grandi même sous cette étreinte.
Il s'agit maintenant de savoir s'il peut vivre en lâchant,
en congédiant peu à peu les églises et les orthodoxies,
comme il a congédié l'esclavage. Car il faut bien remarquer en tout ceci la gradation, la transition, le
temps enfin qui fait quelque chose aux affaires humaines. Les esclaves émancipés tout d'un coup eussent
peut-être égorgé leurs maîtres ; des hommes, privés
et vidés soudainement de toute religion, s'égorgeraient
peut-être entre eux ; mais les choses ne vont pas de
ce train. *A brebis tondues Dieu mesure le vent.* Cela veut
dire qu'il accorde aux hommes terme et délai pour se
renouveler mentalement ; que par exemple l'évidence
actuelle en ce qui touche l'esclavage commença par
être une simple lueur, parlant d'émancipation aux

maîtres plutôt que d'insurrection aux esclaves ; enfin
que la Providence n'a pas seulement le procédé religieux pour agir sur l'âme humaine, et qu'elle y pénètre par des voies infinies, directes ou sinueuses,
ne nous abandonnant jamais (ce qui est à considérer
par-dessus tout) au simple effet de nos instincts ou
de notre raison.

Le père Huc raconte dans son *Voyage en Chine*, que
certain empereur chinois adressa une proclamation à
ses sujets, passant en revue toutes les religions et les
déclarant toutes fausses. Nul empereur, de nos jours
et parmi nous, ne procéderait ainsi. Cette menace n'est
pas à nos portes. Toutefois il reste ceci d'avéré que
nous abordons une œuvre épineuse entre toutes, qui
est la liberté politique, c'est-à-dire le gouvernement
d'une société par elle-même, c'est-à-dire la répression
de l'égoïsme par les égoïstes ; que nous abordons cette
difficulté avec le suffrage universel, c'est-à-dire avec
la souveraineté des masses où l'égoïsme a toutes les
violences de l'appétit et toutes les infirmités, toutes les
bornes de l'ignorance ; enfin que nous accordons cette
souveraineté aux masses dans le temps même où le
frein religieux semble disparaître des âmes et des
pouvoirs publics.

On demande la permission de s'arrêter ici un
instant pour sonder et pour montrer comme on le voit
l'abîme qui semble nous attirer.

Nous faisons à cette heure une chose inouïe, en-
trepreneurs, fondateurs que nous sommes de démocratie. Inouïe est le mot. Je mets en fait, l'histoire
à la main, que la démocratie n'a jamais existé, pas
même en Grèce, et qu'elle n'existe encore nulle part,

pas même aux Etats-Unis. Je m'explique : jamais le peuple n'a été souverain quand il était peuple dans l'acception, dans la tradition européenne du mot qui désigne des masses perdues d'ignorance et de misère, telles que les a faites l'injustice du passé, telle qu'une société meilleure les a laissés jusqu'à ce jour.

Pour ce qui est de l'antiquité, les érudits allemands vous diront que les 20,000 citoyens d'Athènes avaient 450,000 esclaves ; que ce peuple d'Athènes, à considérer non-seulement ses esclaves et ses loisirs, mais ses artistes, ses orateurs, ses théâtres, ses fêtes, avait de l'esprit et même du plus fin, du plus cultivé ; que la marchande d'herbes en remontrait à Théophraste pour le beau langage ; que Cléon, ce général tant moqué d'Aristophane, se faisait tuer après tout ; que les emplois publics se tiraient au sort, mais à la charge de certaines preuves de capacité. Heeren et Bœcke sont fort explicites à cet égard.

Quant aux Etats-Unis, je n'aperçois *le peuple* nulle part dans cette société issue de l'émigration d'une classe moyenne, où le moindre citoyen sait lire et lit (notez ce dernier point), où le salaire n'est pas seulement ce qui permet à l'ouvrier de *vivre et de continuer sa race*, définition classique parmi nous, mais définition de vétérinaire ; où les castes n'existent pas, même en souvenir, dit Tocqueville ; où la propriété est universelle comme le droit politique ; où personne, où pas une classe du moins, ne ressemble à cette peinture de La Bruyère : *L'on voit certains animaux farouches, des mâles et des femelles, répandus dans la campagne, noirs et tout brûlés du soleil, attachés à la terre qu'ils fouillent et qu'ils remuent avec une vivacité invincible : ils ont comme une voix articulée, et quand ils se lèvent sur leurs pieds, ils montrent une face humaine, et en effet ils sont des hommes.* Telle est la classe dont les descendants, dont les représentants, très-nombreux encore, sont appelés à constituer le gouvernement parmi nous et voudront peut-être l'exercer un jour.

Cela est étrange, si étrange, que cela, je le répète, n'a pas d'exemple dans le passé, ni d'analogie vivante que l'on sache. C'est mettre le pouvoir là où subsiste encore un reste d'esclavage, je veux dire la misère. Mais quel reste ! Le gouvernement le plus éclairé, le le plus concentré, le plus prestigieux ne serait pas de trop pour en avoir raison : il échouerait peut-être à cette réparation du passé ou plutôt à cette refonte de la condition humaine. Que sera-ce donc, si la souveraineté appartient au nombre, qui a tout ici pour être aveugle : souffrance, colère, inculture des esprits, trouble des consciences. Il y aura des consciences, n'en doutez pas, pour traduire justice par bien public et bien public par bien populaire. De sorte que la question est celle-ci : Des hommes que leur nature physique a faits misérables pour la plupart , seront-ils assez grands par leur nature morale pour respecter le droit dans une minorité de riches ? L'Evangile a dit : *vous aurez toujours des pauvres parmi vous.* Il n'a pas ajouté : un jour viendra que les pauvres seront vos maîtres.

Dans un fort beau livre de M. Caro, les *Jours d'é-preuves*, je trouve un chapitre intitulé : *De la vraie et de la fausse démocratie.* Là-dessus je veux faire une querelle à l'auteur, malgré le rare mérite de ses distinctions et de ses aperçus. La démocratie, lui dirai-je, n'est

ni vraie ni fausse...... elle n'est pas. Qui dit démocratie commet une contradiction dans les termes ; car ce
mot veut dire en grec *gouvernement par le peuple*, et
peuple veut dire en français la dernière classe faisant
les dernières choses de la société. D'où il suit que parler du gouvernement par le peuple, c'est faire une alliance de mots hurlante, une alliance de choses incom-
mpatibles : autant nous proposer un bâton qui n'aurait
pas deux bouts. La démocratie était quelque chose
parmi les sociétés qui ont créé ce mot, quelque chose
de bon ou de mauvais. Parmi nous elle n'est pas, et ne
peut être. Elle constitue un non-sens, une pure chimère : car la démocratie est d'attribuer ce que la société compte de plus difficile parmi ses œuvres à ce
qu'elle compte de plus incapable parmi ses membres;
car elle a le plus grossier des organes, c'est-à-dire le
suffrage universel, pour la plus haute des fonctions,
c'est-à-dire pour le gouvernement. Quel *sujet*, pour y
rencontrer partout le vide et le néant! Je ne puis parler autrement de la démocratie, même organisée par
le suffrage universel. Car les organes ne font pas
la vie. Les organes n'accomplissent leur fonction que
moyennant une force préalable et vitale, laquelle ici
est la capacité et fait absolument défaut à la démocratie.

CHAPITRE IX.

SI LA RESTAURATION DE L'AINESSE ET DES CORPORATIONS N'EST PAS UN RÊVE?

Là dessus quelques esprits se rejettent en arrière et tournent vers le passé des regards éperdus. Devant le présent ainsi conditionné, devant les menaces d'un tel avenir, le doute se fait un peu partout, sur la valeur des événements, des idées, des institutions, de toutes les voies enfin par où nous avons passé pour en venir là. Mais, tout d'abord, j'ai un préjugé contre ce doute, et voici ce que je dirai aux douteurs : prenez bien garde, vous allez me proposer des restaurations, des résurrections religieuses, féodales, monarchiques; mais le passé est ce qui nous a conduit, ce qui tout au moins nous a laissé venir au point où nous voilà. Si le présent est vicieux, pourquoi reprendre le passé qui a fait le présent, et contre le mal actuel invoquer le principe du mal? En deux mots, l'ancien régime a fait 1789 et toute la société moderne, par impulsion ou par répulsion (notez ces deux points-ci), c'est-à-dire par la vertu d'un principe engendrant sa conséquence, ou par le vice d'une conséquence détruisant son principe. Pouvez-vous changer cette logique des choses en les recommençant? Si les choses anciennes portaient et couvaient le mal moderne, pourquoi les rétablir? Si elles ont été simplement impuissantes à le prévenir et à l'intercepter, comment auraient-elles aujourd'hui sur l'aggravation et le paroxysme de ce mal, la puissance qu'elles n'eurent pas sur ses premiers symptômes?

Recourir au passé, c'est bientôt dit; mais auquel, je vous prie? Car le passé a bien des moments, bien des aspects; et le 17e siècle n'a rien de commun avec le 13e, ni même le règne de Louis XIV avec le règne de Louis XIII. Voulez-vous le pouvoir absolu et central du monarque, ou le gouvernement épars, disséminé aux mains des seigneurs, des États et des bonnes villes? Voulez-vous de l'inquisition ou de la tolérance, du gallican ou de l'ultramontain, des réalistes ou des nominaux, l'enseignement des jésuites ou celui des oratoriens, la prépondérance des parlements ou celle du Conseil d'Etat? Car il y a de tout dans l'ancien régime, même du droit : un droit qui avait sans doute forme de privilége, considérable toutefois et respecté, racheté même par la royauté comme celui de l'abbé de Saint-Victor, seigneur justicier dans Paris au xvie siècle ; comme celui du comte de Toiras, gouverneur de l'île de Rhé, à titre d'office. Richelieu, tout Richelieu qu'il était, faisant le siége de La Rochelle, et pour les besoins du siége ne put moins faire que d'exproprier cet officier.

Le passé, avec d'autres façons, était tout aussi destructif, tout aussi novateur que les temps modernes. Vous n'y trouverez nulle part ce mérite de stabilité qui vous charme par antithèse. Pourquoi vous arrêter quand il marchait? Pourquoi refaire ce qu'il a détruit? Et si vous entendez le relever en son dernier état, celui de 88, pourquoi cet état plutôt que tout autre? Toujours variable et changeant, mauvais ou impuissant en dernier lieu, tel nous apparaît le passé. La conclusion, c'est qu'il faut s'arranger de ce qui est, y chercher une assiette tolérable, et prêter main forte aux décrets supérieurs, naturels ou divins, qui gouvernent le monde. En certain cas, c'est partie gagnée que de réussir à vivre.

Remarquez bien que je ne discute pas la valeur respective des différentes choses, présentes ou passées, qui prétendent régner : je ne traite pas les unes de ténèbres et de vieilleries, je n'érige pas les autres en progrès. Laissant de côté ce contentieux, je constate et je considère seulement ces nouveautés qui surviennent dans le monde, avec l'effet de le transfigurer par un mouvement qui s'accélère de plus en plus, à mesure que le monde prend connaissance de ses destinées, de ses fins, et ajoute aux causes divines sa propre collaboration, la science et la force qu'il acquiert. Si le monde se transforme par voie de progrès ou par voie de déchéance, c'est ce que je n'examine pas en ce moment : mais à coup sûr il se transforme ; changer est la loi du monde. Les limites de ce changement c'est une autre loi qu'on essaiera de démêler, ne pouvant tout dire à la fois. En attendant, qu'est-ce que le monde ferait des choses d'autrefois ? Pourquoi y trouverait-il mieux son compte que dans les choses du présent, préparées et acquises comme elles sont ? Vous traitez de chimères les choses de l'avenir, encore latentes et prématurées ; or, les choses d'autrefois aussi bien que les choses de l'avenir nous disconviennent également, quoique différemment.

Comment ! dirai-je au droit d'aînesse, vous êtes le passé, et vous songez à renaître ! La prétention est prodigieuse. De quel droit, s'il vous plaît, et pourquoi faire ? — Ah ! dites-vous, j'ai souffert mort et martyr, fraude et violence, j'ai été surpris, étranglé, quand j'étais encore plein de jours et de bienfaits. Je redemande la vie comme on demande justice et réparation ; voilà mon droit ! J'effacerai les choses nouvelles et désordonnées qui règnent de nos jours ; je vous ferai une base, une dignité, un horizon... voilà l'œuvre qui vient me chercher dans les ténèbres où je suis descendu, et qui me convie à renaître. —

C'est facile à dire. Mais alors pourquoi n'avez-vous pas disputé la place aux nouveautés scélérates ? Il fallait résister quand elles faisaient mine de naître, et que vous aviez encore la possession d'état, ces grands restes de vigueur et de prestige. C'est à ce moment que l'effort vous eût bien servi. Mais aujourd'hui, n'ayant pas eu la force de durer, comment auriez-vous celle de reparaître, quand il s'agit de soulever une tombe qui est fermée et scellée sur vous par le poids, par l'épanouissement d'une société nouvelle ? Que vous soyez supérieur au présent, c'est une question. En tout cas vous ne convenez pas au présent, quel qu'en soit la taille, moindre ou plus élevée. Vous pouvez dire du présent tout le mal que vous voudrez, et lui chercher partout des querelles ou des remèdes. Seulement deux choses vous sont défendues : restaurer le passé, improviser l'avenir. Cela revient à dire que vous ne disposez pas de la vie, que si créer et ressusciter appartiennent à quelqu'un, ce n'est pas à vous et à vos œuvres.

CHAPITRE X.

DROITS RESPECTIFS DE LA TRADITION ET DE L'INNOVATION.

Mais l'œuvre des révolutions, fréquente parmi nous, apporte et justifie en ce débat une insistance nouvelle parmi les apologistes du passé. — Il est clair, disent-ils, que le passé aura tort un jour ou l'autre ; mais ce jour est-il venu ? N'est-il pas arrivé quelquefois à nos révolutions d'y aller inconsidérément, d'abréger les délais, de dévorer le temps dans des circonstances où le temps est un droit ? Il reste toujours une question, il reste même deux questions, pour ne rien omettre de ce que l'on voit :

Premièrement, il faut voir si ce qui a été détruit dans le passé, était chose de fond ou chose de forme ? Dans le premier cas, destruction absurde et injuste. Car si le monde doit se transformer, il doit garder intact et inviolable le fonds même qui le constitue et le fait vivre : par exemple, l'égoïsme, si nous parlons du cœur humain ; l'atmosphère, si nous parlons du monde extérieur. Ceci est une double limite aux transformations. Considérez, en effet, que le monde moral et le monde extérieur, la nature de l'homme et la condition de l'homme sont choses parallèles, harmoniques, faites l'une pour l'autre, chacune étant le milieu de l'autre ; de sorte que l'une changerait en vain si l'autre ne changeait pas. Supposez la terre plus fertile et l'homme toujours égoïste comme il l'est : les fruits nouveaux et surabondants de la terre demeureront exclusivement au propriétaire ou au capitaliste qui les en a tirés. Que si au contraire l'égoïsme se change en dévouement sans que les facultés nourricières du sol se soient accrues, il y aura sans doute une nouvelle répartition des biens, mais dont l'unique effet sera la misère ou tout au moins la médiocrité universelle.

En second lieu, il faut voir si le passé, en certains traits relatifs à la forme seulement, laquelle est passagère, n'a point passé trop tôt? s'il n'a pas été effacé de la vie sociale trop brusquement, trop complètement surtout? Cela serait grave; car si l'élément ancien doit disparaître, il doit toujours se trouver en proportion supérieure à l'élément nouveau. C'est ainsi que la chose s'est toujours passée dans la constitution anglaise, selon la remarque de Mac Aulay. Ceci vous enseigne une grande vérité, c'est que les sociétés humaines vivent surtout de tradition. parce que la tradition est à deux fins, également nécessaire pour jouir du présent et pour le changer. Elle représente dans le règne humain cette loi de continuité qui gouverne l'univers, que nous subissons en partie, que nous pouvons modifier en partie. Mais cette modification, celle même que nous appelons progrès, a besoind e s'appuyer sur une base solide, qui est la persistance et presque l'identité des choses, alors même que nous y touchons. Continuité dans la nature, tradition dans les sociétés, habitude parmi les individus, tel est le train des choses. Cela n'empêche pas que les choses n'aient à changer quelquefois sous la main de l'homme. Mais avant tout, elles doivent durer assez longtemps pour que les êtres dont elles sont le milieu en prennent l'habitude, la possession, la notion surtout, qui est nécessaire pour en jouir avec sécurit et pour les changer avec efficacité. De là une certaine prééminence du passé, laquelle peut fonder certaines réclamations.

Encore le droit d'aînesse et ses doléances. — J'ai péri trop tôt, j'ai succombé quand j'étais encore riche de vie et de perfections, quand les couvents se multipliaient à l'usage des cadets et des filles que je déshérite. C'est ce que M. de Sorbière, un intendant plein d'esprit, a fort bien expliqué dans un de ses rapports. Ayant été victime d'un pur attentat, d'une expérience faite comme une vivisection, pourquoi ne reparaîtrais-je pas, ainsi qu'ont reparu les autels et les prêtres, proscrits comme moi indûment, prématurément? Pourquoi ne serais-je pas réparé comme la confiscation des nobles?

Ce langage est spécieux mais peu convaincant. J'honore le droit d'aînesse, mais pas à l'égal des religions et du besoin religieux. Ce revenant devrait y regarder de plus près en ce qui touche la restauration du culte et des congrégations religieuses, lesquels ont repris place parmi nous, non comme pouvoir public, mais comme service public, c'est-à-dire pour nous et non pour eux.

Que le prêtre et le temple soient défrayés par l'État, que des ordres religieux demandent et obtiennent la personnalité civile, cela rentre dans les termes du droit commun, cela fait partie du communisme qui caractérise notre société. Se figure-t-on une société ayant comme la nôtre des subventions pour l'Opéra, et qui n'en aurait pas pour la religion? Quant au droit d'aînesse, reparaissant parmi nous, il serait une pure dissonnance, il ferait exception et contradiction à tout. Rien ne saurait masquer son caractère de privilége, dans un pays où tout respire le droit commun, dans un temps où toutes choses, toutes personnes, toutes localités sont au régime de l'égalité, de l'uniformité, de la concurrence. Remarquez, je vous prie, ce cas spécial des localités. Vous voulez mettre une différence entre le droit de l'aîné et celui des cadets... Eh bien, cela est tout bonnement impossible, dans un pays qui ne put mettre une différence entre le droit de la ville de Lyon et le droit du village de 300 âmes, un jour qu'il délibérait sur la loi des attributions municipales. La chose, la différence locale fut entrevue, proposée, pas même discutée. Gloire au niveau! Mort aux exceptions! Rien que la règle, une règle à tout briser, à tout courber!

Il faut s'expliquer à fond avec le droit d'aînesse. Vous avez contre vous, lui dirai-je, la justice qui est ici l'égalité. Pourquoi traiter inégalement des enfants qui portent également le fardeau de la vie, et dont aucun n'a demandé à naître? L'aînesse avait jadis une valeur, peut-être une nécessité féodale. Elle a peut-être de nos jours une valeur politique, économique et sociale, attestée par l'exemple anglais; mais cela importe peu à l'esprit français, lequel est sensible surtout aux considérations de justice absolue et de vérité théorique. Si vous voulez en juger, rappelez-vous seulement que l'aînesse était en quelque sorte le droit commun de l'ancien régime; que toute famille anoblie pouvait faire et faisait un aîné; que l'aînesse était alors aussi fréquente que les lettres ou les usurpations de noblesse. Telle était la loi, telles étaient les mœurs de l'ancien régime jusqu'au jour où certaine loi du

8 avril 91 proclama le partage égal des successions.
Or, ce n'est pas obéie que fut cette loi, mais acclamée.
Les mœurs furent touchées et illuminées du coup ;
elles changèrent comme avait changé la loi, et dé-
passèrent même la loi, en n'usant pas d'une certaine
latitude laissée au père de famille, sous le nom de
quotité disponible, pour faire quelque chose comme
un aîné. Il y a des statistiques pour peser cela : Sur
quinze cents millions de valeurs transmises annuel-
lement par voie d'héritage, trois millions seulement
sont frappés de préciput et de majorat : où l'on voit
un exemple frappant de la puissance qui appartient
aux lois, quand par hasard elles parlent du haut de la
conscience, et descendent au fond des cœurs.

Tout comme il y a une secte aujourd'hui pour rétablir le droit d'aînesse, il y en avait une naguère pour
abolir l'héritage, pour appeler à la succession d'un
homme, non ses enfants ou ses légataires, mais l'État.
C'était le Saint-Simonisme. Les deux sectes se valent.
Il y a des cas où le passé est un rêve aussi chimérique
que les projets d'avenir les plus hasardeux. On peut
se demander lequel vaut mieux pour une institution
d'être répudiée et congédiée par les faits ou de n'en
avoir pas subi l'épreuve. Sectaires du passé ou sectaires
de l'avenir, tous se repaissent du néant qui a détruit
leurs rêves ou qui les garde par-devers lui. Les uns
se tournent vers le passé qui est mort :... les autres
s'adressent à l'avenir qui n'éprouve aucun besoin de
naître et de se faire juger, également fautifs et impuis-
sants les uns comme les autres.

Tels sont les principaux traits de ce débat entre le

présent et le passé. Il y a de bonnes raisons, çà et là ; mais il n'y en a de péremptoires nulle part.

Il est aisé de dire que le monde change. Mais il n'en est pas moins très-difficile de savoir où porter la main pour exécuter cette loi, parce que le monde change par voie de transformation ni plus ni moins, ce qui impose au changement des façons et surtout des limites réelles, mais nullement précises. Il s'agit en effet de reconnaître d'une part le fonds des choses qui est immuable, d'autre part la forme des choses qui seule peut changer, et de ne pas prendre l'un pour l'autre. Ensuite le monde change, mais par une évolution lente et graduelle où le passé doit prévaloir, où la tradition doit garder sa prépondérance en vertu de nécessités qui font l'homme, qui font l'harmonie de l'homme avec son milieu, et qui seules permettent le progrès, comme on l'expliquait tout à l'heure. De là plus d'une difficulté sous les pas d'une société qui aspire au changement.

Les choses que vous touchez à cette fin ont beau jeu pour se défendre. — Prenez garde, nous dira l'une, je ne suis pas de celles qu'on élimine. On ne me touche pas ; ce serait un viol. J'appartiens au fond des choses, je suis identique au règne humain, je ne suis pas une surface, un détail, une forme.... laissez-moi en paix.... Respect aux essences, j'ai ma racine dans les choses, lesquelles se dresseront et retomberont sur vous si vous tentez l'extirpation.

Telle autre vous dira — je dois disparaître, j'en conviens ; mais je n'ai pas fini de vivre, mon heure n'est pas venue. Le monde, s'il me laisse aller, si vous le privez de ma présence, n'aura plus son aplomb, sa ration voulue de choses anciennes et nécessaires....

Quelle dispute ! une des plus riches auxquelles le monde ait été livré par une providence jalouse d'entretenir l'aiguisement des esprits. Qui dira le moment précis, où la chose ancienne est incapable de vivre, où la chose nouvelle est digne de naître? Seulement, il ne faut pas parler de précision : les choses font mille façons pour disparaître et se renouveler. Une bonne histoire, dont on ne se doute guère, est celle du système décimal, décrété dès 93, qui entre à vue d'œil dans nos mœurs, mais qui n'a pas encore complètement prévalu.

Point de difficulté, s'il s'agit de choses disparues et remplacées. C'en est fait de ces choses : elles sont détruites à jamais, légitimement, éternellement, ayant contre elles le droit et la vie de la chose nouvelle qui a paru sur leurs ruines. Ici la véritable illustration est celle des jurandes et des maîtrises non-seulement abolies, mais supplantées.

Le cas politique n'est pas si clair, parce qu'il s'agit en pareil cas de créer ou de détruire des pouvoirs. Détruire est ce qu'on reproche aux révolutions; mais la nôtre, celle au moins de 89, a bien plus édifié que détruit. En créant parmi nous le droit commun et la concurrence, elle a répandu plus de vie dans la société, elle a appelé plus de personnes et de classes à l'activité, à la lumière, à l'effort libre et récompensé. Si le progrès est quelque chose et vaut quelque chose, c'est comme accroissement de vie. Nous avons montré ailleurs que cela ne va pas sans un accroissement parallèle de l'État; qu'à plus de vie il faut plus de règles et d'organes; que la règle et l'organe de la vie sociale, c'est l'État. Ici nous avons à rechercher seulement si de nouvelles choses dans la société ne veulent pas de nouveaux pouvoirs dans la cité ; si les forces d'autrefois ne sont pas aujourd'hui des faiblesses, des impropriétés, des impuissances. Adapter les pouvoirs à l'état social, les institutions aux mœurs, c'est l'œuvre des réformes et le moyen d'échapper aux révolutions. Pour plus de précision, cette œuvre consiste surtout à créer des pouvoirs nouveaux pour servir et contenir les forces nouvelles qui ont paru dans la société.

S'il s'agissait d'un individu ou d'une espèce, vous conviendriez que de nouvelles fonctions veulent des organes nouveaux. A l'égard de la société, la règle est la même : elle s'exécute en changeant les pouvoirs publics qui sont les organes du juste, du vrai et de l'utile, tout comme a changé la notion de ces choses, et dans le sens où elle a besoin désormais d'être pratiquée et défendue.

Les pouvoirs et les classes d'autrefois ont pour eux la tradition ; mais la tradition ne vaut que pour les choses qui lui sont contemporaines, elle est sans application aux choses nouvelles et postérieures. Je m'explique : voici deux classes qu'on appelle le noble et le prêtre où vivent des traditions d'honneur, de charité, de science. Mais l'honneur tel que les nobles l'entendent, c'est l'honneur militaire : or cette tradition ne leur dira rien sur les applications de l'honneur, soit à la politique, soit à l'industrie, choses inconnues à l'époque où leurs traditions prenaient naissance. Vous verrez parmi les nobles pas mal de félons politiques ou industriels. Inutile de dire que la science du clergé ne s'accommodera pas de la science moderne et voudra toujours l'ignorer. Je ne sais pas même si sa charité cherchera le pauvre sous la forme que l'industrie donne à la pauvreté et par le genre d'assistance qui s'applique à cette forme.

Quant au magistrat, l'unique conséquence des traditions parlementaires, c'est qu'il sera un juge intègre entre les individus. Jusque là de grands souvenirs le soutiennent, de grandes ombres lui apparaissent, il sent palpiter en lui la caste qui fit les l'Hopital, les Harlay, les Molé; mais sera-t-il incorruptible entre les partis et le gouvernement, entre les citoyens et le pouvoir, dans ce contentieux totalement inconnu de l'ancien régime ?

Nous voyez comme la tradition a ses limites. Si des choses nouvelles ont apparu parmi nous, il ne faut pas croire que les forces anciennes puissent gouverner ces choses. Elles n'y suffiraient pas. Inutile de les rappeler pour ce service qu'elles feraient mal et de les rappeler, dis-je, sous prétexte du bon service qu'elles ont fait autrefois et même qu'elles font encore aujourd'hui mais ailleurs. Voulez-vous prendre sur le fait cette inaptitude des anciennes forces parmi les nouveautés modernes? Rien n'est plus facile et les exemples abondent. Vous démêlez tout d'abord que l'élément nobiliaire ne doit pas figurer seul dans la formation d'un sénat; que l'élément judiciaire, héritier des anciens parlements, ne doit pas être seul à prononcer sur les délits politiques; enfin que le clergé ne doit pas être seul appelé à l'enseignement et à l'assistance publique. La raison en est que la liberté politique, que la juridiction politique,

que l'enseignement primaire, que la science moderne, que le paupérisme ouvrier, sont des choses nouvelles et que sur ces choses la tradition est muette, la tradition qui est l'âme des grands corps auxquels on vient de faire allusion. Avoir été est une raison d'être, la tradition est un titre,. tant que rien ne change, que rien ne bouge à côté des choses traditionnelles ; mais si quelque changement survient, la chose traditionnelle se trouve par là mise en question, car la société ne peut se passer d'harmonie. Elle ne peut s'en passer, parce qu'elle a des mœurs, des lois et des pouvoirs publics qui s'engendrent ou se déterminent les uns les autres.

Il est bien entendu qu'un rapport constant doit exister entre les institutions et les idées d'un peuple. Ceci peut passer pour un truisme et un lieu commun, qui toutefois demande explication.

Pour que les idées aient un effet impérieux sur les institutions, il faut qu'elles aient fait les mœurs de la société, son régime économique et notamment la concentration ou la diffusion de la richesse, la grande ou la petite propriété. Il appartient aux idées, quand elles possèdent à ce point la société de prendre possession des pouvoirs publics et de les accommoder, de les refaire, s'il le faut, à l'image de la société, c'est-à-dire de concentrer ou de répandre la souveraineté. Vous avez là le spectacle d'un changement dans la société qui change le gouvernement.

Maintenant, prenons la chose par l'autre bout : Supposons un changement qui touche à la souveraineté, qui la déplace, qui l'attribue à un monarque, à certaines classes, ou à tous les hommes indistincte-

ment..... Vous verrez se produire un changement
analogue dans la propriété. Il y eut un moment au
XVIIe siècle où Louis XIV était tellement souverain,
qu'il se crut seul propriétaire du sol français. Quelques
siècles auparavant, sous le régime féodal, on disait :
nulle terre sans seigneur. De nos jours le suffrage universel arrivera peut-être à une prétention, à une
théorie analogues. Le fait est qu'il y a une attraction
naturelle entre propriété et souveraineté. En général,
les propriétaires sont les souverains, ils ont acquis la
souveraineté par la propriété. Agamemnon, dit Thu-
cydide, était le plus riche des Grecs. Que si les souverains ne sont pas propriétaires, il est naturel qu'ils
le deviennent par la grâce et par le bénéfice de leur
souveraineté. Comment les hommes n'useraient-ils
pas de la plus grande force connue, qui est le gouvernement, pour acquérir le plus grand des biens qui est
la propriété ? Et ceci est le plus fameux exemple que
je sache, d'un lien entre les idées et les institutions. Un
changement dans les unes entraîne un changement
dans les autres : seulement il faut que le changement
d'idées porte sur la propriété, et que le changement
d'institutions porte sur la souveraineté. Harrington
avait entrevu cela confusément dès le XVIIe siècle, et
avec une fausse application à l'Angleterre. Comme le
sol anglais lui paraissait divisé entre beaucoup de
mains (il l'était réellement à cette époque en vertu de
certaines lois de Henri VII), Harrington concluait de
là à la République, estimant qu'il devait y avoir autant
de souverains que de propriétaires. Cette déduction
était prématurée. Elle serait plus spécieuse aujour-
d'hui parmi nous en présence du suffrage universel.

C'est ainsi que les choses du passé deviennent étrangères et insupportables au présent. Le monde se transforme, soit du côté des mœurs, soit du côté des pouvoirs publics, soit du côté des autorités sociales, entendant par ce dernier mot, les classes et les existences qui ont pour elles un poids de richesses, de moralité ou d'esprit. Or, un de ces changements ne peut avoir lieu sans tirer l'autre. Quand le *tiers-états était tout*, économiquement, intellectuellement, administrativement, selon le mot fameux de Sieyès, *comment serait-il demeuré rien politiquement?* de sorte que les choses anciennes doivent disparaître tout entières, quoique graduellement, sans pour cela que le monde cesse d'être lui-même en ses traits constitutifs, tout comme ce couteau dont la lame avait changé, dont le manche avait changé, qui demeurait un couteau néanmoins parce qu'il avait toujours un manche et une lame.

Dans ce petit exemple comme dans les plus grands, vous saisissez une loi universelle qui est la persistance des forces et des relations entre les forces. Cette loi a des démonstrations cosmiques, qu'on serait bien embarrassé de donner ici ou même ailleurs. Vous pouvez voir la chose confusément expliquée dans un livre intitulé : *Les premiers principes*, qui est le livre fameux d'un grand esprit anglais, M. Herbert Spencer.

D'un autre côté, je reconnais encore une fois que la continuité dans les choses humaines est nécessaire au déploiement des plus hautes qualités de l'homme, c'est-à-dire de la prévoyance et de la combinaison. Nous ne pourrions préparer l'avenir, même pour changer et pour améliorer le présent, si nous ne pouvions pas prévoir l'avenir avec certitude, si le lendemain ne devait pas ressembler à la veille. Nous n'avons toute notre puissance que dans cette donnée de la continuité, de la tradition qui fournit à notre pensée un point de départ et d'appui. Si l'homme dans son œuvre de progrès n'avait pas la substance du passé qu'il façonne et améliore, il ne ferait pas œuvre de progrès, il serait créateur, il passerait Dieu du coup.

Il s'agit donc de garder concurremment les deux grandes lois qui nous gouvernent: continuité et changement, tradition et progrès. Vous violez l'ordre universel, si vous attentez à cet équilibre pour arrêter ou pour précipiter l'œuvre du temps. Arrière les sectes et les égoïsmes qui ne vivent que d'une idée, qui n'usent que d'un procédé. L'homme ne peut entrer dans les voies de la Providence qu'en imitant la variété dont il a le spectacle, par l'équité dont il a le devoir. Car équité veut dire ici pluralité des vues, intelligence d'autrui et de ses droits, compromis, gradation, enfin, une manière d'être en toutes choses, qui, dans la chose religieuse, a prévalu sous le nom de tolérance. Il faut que les classes et les intérêts apprennent à se supporter, à s'équilibrer..... les religions l'ont bien appris.

CHAPITRE XI.

D'UNE DIFFICULTÉ QUI TIENT A CERTAINS MÉRITES DU
PASSÉ, A CERTAINES INFIRMITÉS DU PRÉSENT. COMMENT
ELLE EST RÉSOLUE PAR WASHINGTON ET PAR M. GUIZOT.

Sur tout cela, j'aperçois un travail des esprits qui
ne m'inspire aucune confiance. Les plus grands sont
les plus faux.

Dans la région des penseurs, savez-vous ce que l'on
pense, ce que l'on invoque ? Le passé. On y pense et
on l'invoque, non pas dans toutes ses proportions, dans
la plénitude et dans la crudité du moyen âge; mais chacun voudrait bien en retrouver quelque chose. Tel
esprit, obsédé qu'il est par la querelle des maîtres et
des ouvriers, admire éperdument telle époque ancienne, tel pays moderne où cette querelle n'existe
pas, et nous les propose comme exemple, conservant
un tendre souvenir aux jurandes, aux maîtrises, aux
corporations. Tel autre esprit, choqué de la démocratie qui met en évidence des personnes, des idées
et des façons vulgaires, incline visiblement au droit
d'aînesse par certaines raisons que je n'ai pas encore
exposées. Si cela pouvait nous refaire des classes
patriciennes, oisives, élégantes, adonnées çà et là aux
choses d'esprit, trônant au sommet de la société,
comme un modèle de grandes manières et de grandes
existences, de grandeur en toutes choses, composant
un auditoire, un dilettantisme pour les beaux esprits
qui ont du style et des aperçus !

Pour quelques uns l'idéal d'une société est le règne

de Louis XIII, parce qu'ils n'y rencontrent ni despotisme ni socialisme ; parce qu'ils y trouvent une haute
culture des esprits, certains restes d'indépendance
parmi les castes et les localités ; parce qu'ils croient y
apercevoir des croyances et des institutions religieuses.
Ils ne voient pas certaines choses — comme Henri IV
achetant son royaume autant qu'il le reconquit —
comme le roi et ses favoris faisant assassiner le premier
ministre — comme les guerres de religion où Richelieu
consuma ses premières forces — comme une guerre
civile entre prise par le frère du roi et expiée par
Montmorency — comme l'insurrection normande, bar-
ricadée dans Avranches, où elle ne fut forcée que par
Gassion, le second du grand Condé à Rocroi.

Ea vobis civitatis forma sana videtur? disait le tribun
antique. Le fait est qu'on trouve tout bien d'une société, n'y voyant pas les maux dont nous souffrons
aujourd'hui, et n'y regardant pas les maux dont
elle souffrait. Toutefois ils étaient profonds, sous
ce règne de Louis XIII, et se révèlent au moindre
coup d'œil. Des croyances qui se vendent, des
grands qui se révoltent, des instruments de morale,
de paix et de stabilité qui corrompent et ravagent
un pays, voilà cette époque si vantée. Vous en
apercevez un échantillon dans l'oraison funèbre de
Louis XIII par le père Lingendes : rien ne dit que
ce grand prédicateur fut un fanatique ou un mé-
chant homme. Or, voici comme il parle de l'assassi-
nat du maréchal d'Ancre : « Dieu, qui veillez pour la
« conservation des rois, s'écrie-t-il, que votre provi-
« dence éclate en ce temps par de terribles juge-
« ments ! *Auribus nostris audivimus* ; et le temps qui

« ruine la mémoire de toute chose n'abolira jamais
« celle de ce remarquable événement du 24 avril 1617,
« où sur le pont du Louvre, le feu et le fer furent
« employés pour couper la racine d'un mal si conta-
« gieux, que le salut de tout un royaume en était me-
« nacé. Une punition aussi soudaine que la foudre
« tomba sur la tête d'un seul pour la correction et
« l'exemple de plusieurs. Un monstrueux colosse de
« fortune fut renversé pour n'avoir point mis de
« mesure à son élévation. Le bruit de sa chute apaisa
« soudainement tout autre bruit, et cette même chute
« releva et rétablit l'autorité qu'on avait vue en grand
« péril d'être accablée. Ici la vénération, le tremble-
« ment et le silence dessus les jugements de Dieu ; ici
« la profondeur impénétrable du cœur des rois res-
« pectée et reconnue ; et pour ce que leurs actions
« ne doivent point être ni trop curieusement exami-
« nées ni témérairement jugées, la seule conclusion
« de ces paroles : *Et audivit omnis populus judicium*
« *quod judicasset rex et timuerunt regem.»*

A quoi sert l'éloquence et même la religion, si
elles n'ont pas plus de morale que cela ? Et que penser d'une époque où se faisaient de telles choses, ainsi
racontées et jugées par les meilleurs de la société ou
du moins par ses professeurs, par ses instituteurs
religieux ?

Telle est la faveur où certains esprits tiennent le
passé. On ne parle pas seulement ici de certains
grands partis bien connus et déjà classés : les légi-
timistes et les cléricaux. On fait allusion plutôt à certains groupes récents où apparaît une réaction par-
tielle, fragmentaire contre les choses les plus moder-

nés et les plus consenties, et cela au profit de choses
qu'on pourrait croire éteintes et ensevelies à jamais.
Nous avons désormais deux catégories de sectaires,
l'une qui fait les révolutions, l'autre qui est faite ou
suscitée par les révolutions.Les uns et les autres pè-
chent par le radicalisme, font œuvre de radicalisme
à des degrés différents. Ainsi, il y a une propagande
pour la liberté de tester, liberté qui refera peut-être
des majorats et par les majorats l'aristocratie, et par
l'aristocratie quelque chose comme le moyen âge. C'est
un peu sinueux, c'est remonter vers ce qui fut, d'une
manière bien indirecte et bien lointaine ; mais on fait
ce qu'on peut et on ne peut pas tout avouer.

La tradition est invoquée non-seulement à fins aris-
tocratiques, mais aussi dans l'ordre économique pour
traiter cet affreux mal de nos sociétés qui est le conflit
des salariés et des capitalistes. Ici apparaît un souvenir, une exaltation des familles et des sociétés pa-
triarcales. On nous propose des modèles russes, des
modèles turcs, des modèles scandinaves. Or, je reconnais qu'il n'y a pas là de grève, d'insurrection, de
secte, d'envie malsaine. Mais peut-être n'y a-t-il pas
d'hommes : peut-être n'y a-t-il que des esclaves, des
serfs, des choses. Or, est-ce la destinée d'un homme
de rester une chose ? J'en doute fort, quels que
soient les services rendus à la production par un
instrument si commode, et quand même cet homme,
une fois reconnu tel, devrait devenir un citoyen, un
souverain.

Quelques esprits montent plus haut et témoi-
gnent à la société moderne une réprobation encore
plus profonde et plus radicale : société anarchique,

s'écrient-ils, frappée de vertige, atteinte dans ses aplombs, parce qu'elle veut tirer d'elle-même son propre gouvernement, au lieu de subir un gouvernement extérieur et supérieur, seul capable d'imposer aux hommes l'obéissance et le respect. — Remarquez bien, dirai-je à ces esprits, que vous concluez là contre toute liberté politique, contre toute intervention d'un pays dans ses affaires, que vous répétez mot pour mot le dire de la cour romaine; que vous réprouvez la monarchie anglaise et constitutionnelle, aussi bien que la République fondée aux États-Unis et tentée en France. Car en Angleterre, le véritable pouvoir est celui de l'opinion, c'est-à-dire de la société même : les pouvoirs officiels, ministres ou rois, n'en sont que les interprètes et les gérants très-surbordonnés : il y a des montures qui mènent leur cavalier.

Quereller le présent, c'est chose permise et salutaire, car le présent est peut-être démesuré, excessif; ou peut-être, sans sortir de certaines limites, s'y arrange-t-il d'une manière inepte et difforme. Mais, d'autre part, daignez y songer, reprendre le passé dans ses traits les plus visibles, nous le proposer çà et là dans sa pratique et dans sa doctrine la plus absolue, celle du gouvernement extérieur et supérieur à la société, c'est une chimère entre toutes, et l'on ne dira pas de celle-là qu'elle est brillante et généreuse, une concession que l'on fait volontiers aux chimères. Vous aimez le passé, je le vois bien; mais le passé ne vous aime pas et se dérobe à vos étreintes. Il se refuse à revenir parmi vous qui le rappelez sans y croire, par vos craintes et non par

votre foi. Comment feraient-ils pour régner aujour-
d'hui ces rois, ces castes, ces ordres dont le pouvoir
existant par lui-même, selon votre idéal, était subi,
consenti même par une complaisance universelle? Vous
qui parlez, vous ne croyez pas le premier mot de ce qui
fondait, de ce qui recommandait ces dominations tré-
passées. Où prenez-vous, où pensez-vous trouver aujourd'hui dans nos bases morales et mentales quelque
chose d'analogue à ces gouvernements d'autrefois? Ils
ont péri corps et âme, ils ont disparu à jamais, ense-
velis à des profondeurs sans retour, sans issue. Au
fait, par où reviendraient-ils, quand on ne leur voit
plus ni racine ni sol pour les porter, quand ils ne
sont pas seulement par terre mais sous terre, quand
tout est rempli, comblé, envahi, là où ils furent, par
une végétation sociale nouvelle et vigoureuse? Allez
donc dire à cet épanouissement, à ce déchaînement
de reprendre ses anciennes limites, de retourner en
poussière et en servitude! Il vous fera la réponse vic-
torieuse du droit aux priviléges, du nombre à la minorité, c'est-à-dire de toutes les forces à toutes les
faiblesses. Vous auriez peu de succès, dussiez-vous
en user avec le moyen âge comme Rousseau avec les
manes de Fabricius, par voie d'invocation et d'apos-
trophe. Franchement, c'est un exercice d'esprit un
peu académique, sur une question digne d'être posée
par une académie de province, comme celle où Rousseau a fait sa fameuse prosopopée. Est-ce là ce qui
vous empêche de dormir?

Les esprits qui font un tel retour au passé, qui
querellent de si haut et de si loin les temps où nous
vivons, ne pardonnent rien à la société moderne. Ils

lui reprochent toutes ses révolutions, même celle de 1830 qui était un cas de légitime défense, toutes ses institutions, même le Code civil. Mais, je vous le demande, pourquoi donc la famille, restituée comme elle était autrefois, rendrait-elle aujourd'hui, parmi tant de choses nouvelles, les services qu'elle n'a pas rendus autrefois dans la société qui l'avait portée, dans son atmosphère naturelle? ·

Je reproche à toute cette critique d'être trop facile, de se contenter à trop peu de frais, de mal convenir à de grands esprits qui ont fait leurs preuves dans les plus hautes explorations de science et d'histoire. C'est pitié de voir comme ils démontrent des truismes, et se plongent dans des surfaces. Rien n'est aisé, leur dirai-je, comme de voir le mauvais côté des choses actuelles ; rien n'est plus permis que de ressentir ce mal avec amertume. Mais, si vous ajoutez que la société n'a jamais tant souffert, qu'elle souffrait moins autrefois, et qu'il convient de revenir au passé... ici, pour le coup, commence le paradoxe et la contorsion. Il est prodigieux d'oublier ainsi la nature humaine et ses vices, le passé et ses crimes, pires encore que les nôtres, parce que les sociétés en avançant sous le poids aggravé chaque jour des lois et de l'opinion, mûrissent et s'adoucissent. Quand vous éclatez en doutes et même en invectives contre la société moderne, vous ne prouvez rien contre elle, rien en faveur de l'ancienne société ; vous attaquez et vous démontrez seulement ce qui est fort clair, c'est-à-dire l'insuffisance, la misère du fonds humain, dont le propre est de s'améliorer sans pour cela devenir bon.

Oui, la société marche ; elle exécute, ne vous déplaise, un progrès réel et soutenu ; ce qui ne l'empêche pas d'avoir ses vices et même ses désastres. Mais il faudrait voir si les biens et les dons qu'elle acquiert sont achetés trop chèrement ; si après tout, la somme n'en est pas supérieure à celle des nouveautés regrettables ; si enfin la société dans ce dernier état ne vaut pas encore mieux qu'elle ne valait dans son état ancien. Ceci, je l'avoue, est un compte à faire, assez compliqué. Ce dénombrement, cette analyse, demandent des soins, de l'étude, des notions qu'il faut se donner la peine d'acquérir, quand on ne les tient pas de son éducation. Cependant, il n'y a pas d'autre moyen d'être juste. Si vous prenez un trait de la société actuelle, un trait qui vous choque, pour en faire valoir la laideur et les disgrâces, ajoutant comme dans l'*Enéide :* *ab uno disce omnes...* franchement, c'est une logique de poëte, qui ne peut finir que par une politique de littérateur.

Dire que la démocratie n'est pas une école de grandes pensées, de hautes études, de belles manières, qu'elle entretient dans la société un état d'esprit, une ardeur de compétition maussade et hargneuse, c'est découvrir ce que chacun sait, et révéler ce qui saute aux yeux. Oui, les droits reconnus font des prétentions excessives ; oui, les droits organisés font des luttes violentes. C'est entendu, et puis après ? Est-ce une raison pour ne pas reconnaître le droit ? Faut-il pour cela revenir à un état social où les hommes étaient insouciants comme des esclaves, joyeux comme des nègres ? Que voulez-vous ? Le mal que vous voyez est l'inconvénient d'un bien.

Savez-vous ce que font les esprits politiques en pareil cas ? Ils font comme Washington, admiré de M. Guizot, parce que : — *Nul ne savait mieux accepter les inconvénients et les imperfections du succès.*

Cela est lumineux et péremptoire au premier chef. Washington avait un juste sentiment de la nature humaine qui a du vice et qui en mettra partout. Il est vrai que l'homme avec son esprit, dont le propre est de voir et de combiner, peut tirer parti de sa nature et de sa condition. L'homme porte en lui un instrument capable d'améliorer sa conduite et sa destinée ; mais tout cela sur un fond inaltérable qui survivra à toutes ses méthodes, à toutes ses entreprises d'amélioration. Il faut voir que la nature humaine c'est l'égoïsme ; que la condition humaine, c'est le travail sur une terre épineuse où nous sommes jetés nus et ignorants, ce qui fait parmi les hommes le besoin et la tentation de s'exploiter, de s'enchaîner, de se rouer de coups, afin de s'attribuer le travail d'autrui, sans parler de la malice qui est de lui imposer la pensée religieuse. Il y a un moyen bien simple de nous décourager dans l'œuvre de progrès, c'est de la nier, et de comparer le passé qui n'était pas absolument sans lumière et sans valeur, au présent qui ne saurait être sans tache et sans reproche. Comparer n'est pas le mot ; car cette polémique a un tout autre procédé qui est de voir uniquement les mérites d'une époque, uniquement les vices de telle autre époque. Nul exercice d'esprit n'est plus facile et moins concluant. Je pourrais vous montrer en peu de lignes tel roi de France qui visiblement incline vers les masses et leur tend la main, leur prête sa force : tel état

de l'ancienne société où la culture générale des
esprits a suscité, Richelieu à part, l'Académie
française : tel service du clergé, que de répandre
partout l'enseignement classique, la connaissance du
latin : telle noblesse qui se porta d'elle-même aux
idées nouvelles et critiques, qui au siècle dernier
pérorait et soupait avec la plus haute indépendance
d'esprit. Il est clair que ce passé n'était pas absolument malsain et malfaisant. Rien ne dure pour ses
vices seulement. Est-ce que l'ancien régime aurait eu
tant de succès d'esprit et d'épée ? Est-ce qu'il aurait
répandu tant de connaissances dans le Tiers-Etat,
tant de propriétés parmi le paysan, ainsi que le re-
marquait Machiavel, dès le XVIᵉ siècle ? enfin, est-ce
qu'il aurait préparé la société nouvelle et semé 1789,
s'il eût été une pure exploitation, un privilége brutal
de nobles et de prêtres ? Sans doute, il fallait en finir
avec les classes privilégiées d'autrefois, parce que rien
ne vaut le droit commun, la justice ; mais ce privilége
pouvait créer çà et là de très-grands échantillons
humains. Des classes vivant dans le plus haut sentiment d'elles-mêmes, sont très-propres à cette partie
du progrès, qui consiste dans l'exaltation du type humain. L'ancien régime valait quelque chose, voilà le
fait ; mais il valait moins que ses aspirations, consi-
gnées dans les cahiers de la Constituante, dont un
Clermont-Tonnerre rendait compte à cette Assemblée,
et réalisées par les lois modernes, par la société moderne. Son mérite fut d'invoquer et de fonder le régime actuel.

D'un autre côté, tout comme les choses anciennes
avaient leur prix, les choses modernes ont leurs vices.

On dit que nous avons perdu notre grand commerce de draps dans le Levant, depuis que les règlements de fabrication ont été abolis, parce que nos draps ont perdu depuis lors quelque chose de leur qualité (1). On dit que le régime de la concurrence est une école de tricherie, de fourberie, d'improbité dans la classe des détaillants, des boutiquiers (2). Conclure de pareils faits isolés et partiels, que le passé dans son ensemble, dans sa totalité, est supérieur au présent, c'est tromper l'opinion, c'est se laisser prendre ou vouloir prendre le public à un pur sophisme.

Après cela, je conviens qu'il est facile, qu'il est tentant de déclamer et de déraisonner dans ce sens ; car le nouveau est meilleur que le passé, sans néanmoins que cette amélioration soit évidente, universelle, immense, tout cela s'accomplissant dans les limites humaines. Fût-il question de la meilleure réforme, on reste toujours dans les termes du médiocre, du partiel, du contestable, c'est-à-dire de l'humanité. Ainsi, l'on pourrait sans paradoxe vous montrer certains vices du système décimal, certain mérites de la torture pour la révélation des complices, certains avantages d'exaction qui appartenaient aux traitants et aux fermiers généraux. Il n'y a peut-être pas une réforme où l'on ne puisse signaler quelque persistance du mal qu'elle entend détruire, quelque mal inhérent au bien qu'elle apporte, quelque bien compris dans l'abus qu'elle emporte. Cela revient à dire que l'homme, même

(1) Voir le livre de M. Anthelme de Costar, intitulé *Histoire de l'administration civile*.

(2) Voir un écrit de M. Edwin Chadwick, membre correspondant de l'Institut, adressé à l'Académie des sciences morales.

officiel, est un être imparfait, appliquant des instruments sans précision à des choses infiniment complexes, quelquefois en face de circonstances rebelles. Il est tout cela, même dans l'hypothèse du progrès, d'une marche à l'idéal sous une vraie lumière.

Les obstacles et les complications lui viennent, même alors, — tantôt de ce que les meilleures choses manquent de précédents et de préparations morales ; — tantôt de ce que ces choses arrivent à maturité, quand un pays est en proie à quelque accident de guerre ou de révolution ; — tantôt de ce qu'un pays traverse une disette d'hommes, quand il vient de prendre possession d'une idée, laquelle ne peut néanmoins s'appliquer toute seule, et veut un certain concours de capacités et de droitures. Ainsi il ne faut pas que le libre-échange soit tenté dans une crise où la paix est menacée, ni la liberté de coalition dans une crise commerciale. Il y a des cas où tout est obstacle et doute : par exemple, si telle chose progressive comme le régime parlementaire est maniée par des incapables, tandis que telle autre chose mauvaise, comme le despotisme, est maniée par d'habiles et bons despotes qui font l'émancipation des serfs.

Qu'une société choisisse elle-même ses représentants politiques, qu'elle désigne elle-même son élite, ses sommités d'esprit par un procédé quelconque, cela est juste ; mais avec combien d'inconvénients et de disgrâces ! Voyez donc les élections de l'Académie et celles du suffrage universel ! Jamais un gouvernement n'eût osé porter son choix sur telles nullités, ou même sur telles indignités, qui se rencontrent parmi ces élus ! Cependant le régime où l'on voit pa--

raître ces inadvertances, est préférable après tout à celui qui leur eût fermé la porte. En outre, le progrès suscite des doutes sur lui-même, sur ses chances et sa valeur, parce qu'il a souvent l'allure d'une révolution, qui est une allure à forces perdues, avec quelque chose d'excessif et de vacillant où le but est quelquefois dépassé, où le point initial disparaît quelquefois. Radicalisme est un terme assez heureux employé comme synonyme de révolution. Le radicalisme est faux, parce qu'il n'appartient pas à une génération de prendre les choses, la société surtout, par ses racines, pour l'extirper et en planter une autre. Il est faux, parce que l'esprit de l'homme est lié à son corps, parce que l'homme tout entier est lié à sa condition qui est faite pour l'un et pour l'autre, enfin parce que la société est liée à la nature et doit se mesurer, s'accommoder à ce parallélisme. De là une chaîne descendant sur nos lois, sur notre destinée politique.

La marche des choses naturelles doit rester celle des choses humaines; les cabrioles ne sont de mise nulle part. Si notre milieu demeure ce qu'il est sous le rapport productif et nourricier, à quoi bon dire aux hommes qu'ils sont égaux, qu'ils sont souverains?

A quoi bon surtout organiser cette souveraineté, quand la première chose que vous allez demander à ces égaux et à ces souverains est la patience, la résignation envers un état social, tissu d'inégalités et de priviléges, lesquels sont fondés sur la nature, consacrés par l'histoire et rebelles à la transformation.

C'est la loi du monde de changer; mais vous voyez que cette loi s'exécute avec des vices d'allure, avec une fatalité de moyens, quelquefois même çà et là avec des résultats dont le propre est de jeter un voile et de répandre un doute sur l'amélioration fondamentale qui, tout compte fait, caractérise le changement. Ce n'est pas une raison pour nier une loi qui est évidente, encore moins pour y résister et pour se repaître uniquement de tradition.

CHAPITRE XII.

RESTAURER LE PASSÉ, C'EST VOULOIR RESSEMBLER AUX ANCIENS ET AUX SAUVAGES.

Rien ne montre mieux le désarroi des intelligences, le trouble profond où est tombé l'esprit de la France, que cette exaltation du passé, que cet appel désolé aux choses d'autrefois, dont nous avons le spectacle aujourd'hui. Au lieu de faire effort sur le présent pour l'améliorer, on le répudie, et on fait effort, on fait retour vers le passé. Cette erreur a les proportions d'une infirmité, d'une décadence d'esprit. C'est descendre au niveau des sauvages et des anciens, lesquels ont le culte des ancêtres pour toute religion, pour toute conception, pour tout esprit. On peut consulter là-dessus un livre curieux, celui de M. Fustel de Coulanges, *la Cité antique*, laquelle procédait tout entière de la tradition, et vivait les regards tournés vers le passé, dans le culte obstiné des tombeaux.

Pour les anciens, pas d'idéal. Rien que le fait et le fait ancien ; la durée était à leurs yeux une consécration, ce qu'est pour nous une démonstration rationnelle ou une expérience d'utilité pratique ; c'était le principe, la règle. Au fait, on prend la règle où l'on peut ; l'essentiel est d'en avoir une, et de contraindre la volonté, la fantaisie humaine.

Il est fort remarquable que de nos jours, partout où l'on rencontre des sauvages, on y aperçoit cette religion du passé, qui s'exprime par le culte des morts, par la superstition aux ancêtres ; vous voyez cela parmi les plus antropophages de la Nouvelle-Calédonie. Rien n'est instructif comme cette coïncidence des anciens avec les sauvages. Vous retrouvez dans le sauvage l'homme des temps préhistoriques, toute cette partie de l'antiquité, dont les annales et les vestiges nous manquent. Les anciens, à partir d'Hérodote, montrent l'homme arrivé au point où il a une histoire, parce qu'il a désormais assez d'esprit et de volonté pour se distinguer du règne animal qui est livré aux monotonies de l'instinct. Quant aux sauvages, tout pareils à la brute, ils n'ont pas d'histoire. Sir *John Lubbock* en fait des descriptions saisissantes, où ils apparaissent partout les mêmes, avec un esprit ou avec un néant d'esprit qui est le même sous toutes les latitudes. — Un de ces traits caractéristiques est la religion du passé, un trait que les anciens gardèrent longtemps, tout en dépassant la sauvagerie, et qui est un cas où paraît la loi de continuité. Anciens et sauvages, par la même raison qu'ils obéissaient à la supériorité d'âge et s'inclinaient devant ce titre, estimaient le passé, les ancêtres meilleurs que les générations actuelles. Il suit de là que vous tenez l'essence même de l'homme, ou tout au moins de l'enfance humaine, quand vous tenez un trait de similitude bien

authentique entre les anciens et les sauvages. Or, dès
qu'ils se rencontrent les uns et les autres dans l'ado-
ration du passé, c'est que la civilisation est d'aban-
donner le passé et de marcher à des destinées nouvelles.

Une société qui marche doit garder assurément
quelque chose du passé ; elle doit même le retenir en
proportion supérieure à ce qu'elle essaie de nouveau, à ce qu'elle pratique de transformations. Aussi
n'aurai-je garde de critiquer la considération et les
ménagements du passé. Ce que je reproche à certains
penseurs est uniquement leur aspiration vers le
passé, le plus trépassé, le plus enfoui, le plus incapable de renaître. Autre chose est de garder ce qui
est, presque tout ce qui est, ou de rappeler à la vie
ce qui s'est évanoui, ce qui est retourné au néant,
ce qui n'a plus ni corps ni âme pour revivre, ni racine ni terrain pour refleurir. Telle est, si je ne me
trompe, l'anciennne constitution de la famille, telle
est encore cette partie de l'ancien régime, où le travail était un monopole. J'en passe...

Ce désordre s'est fait dans les esprits, à l'aspect de
la liberté politique, une chose nouvelle qui vient à
nous avec les obscurités et les menaces de l'inconnu.
Mais ce problème, les partisans du passé ne l'ont pas
exposé, selon moi, avec toutes ses épines ; ils ne l'ont
pas même aperçu. En quoi ces philosophes ressemblent fort à tout ce qui les a précédés de philosophes.
Cherchez bien : y a-t-il quelque part une psychologie
politique, c'est-à-dire une étude de l'homme considéré
comme citoyen, comme acteur politique, comme capable de figurer dans le gouvernement de la cité ? Cette

question est mûre; de nos jours, elle s'impose à nos recherches avec urgence et obsession. D'où vient que personne parmi les philosophes n'y pense et n'y a pensé? Si la philosophie soupçonnait ce problème, elle ne serait pas cette science qui piétine, qui piaffe sur place, qui s'expose à Molière, qui perd à ses mouvements stériles quelque chose de son prestige. Excusons les philosophes anciens qui avaient des esclaves, qui ne connaissaient pas l'homme en général, mais seulement le citoyen. Il est clair qu'Aristote et Platon ne mettaient pas en doute la capacité politique du citoyen. Mais, de nos jours, tout autre est le problème : il s'agit de savoir si l'homme du peuple qui est le descendant de l'esclave antique, comme disaient les saint-simoniens, ou si vous aimez mieux, qui est le sauvage persistant des temps préhistoriques, est assez purgé de son ancienne condition, assez puissant dans sa nouvelle qualité d'homme pour être citoyen, membre du souverain, élevé à une part de gouvernement. S'il ne l'est pas, il faut de deux choses l'une, ou lui retirer la fonction politique, ou agir sur son âme, son esprit, sa condition, de manière à lui conférer la capacité politique.

Vous ne pouvez répéter sans fin le dire de Platon, d'Aristote et même de Descartes, quand une découverte a été faite de nos jours, comme celle de l'homme et de ses droits. Vous mettez à une terrible épreuve la patience du public, en continuant à l'entretenir de spiritualisme et de matérialisme, de sensualisme, et d'idéalisme. *Race d'Agamemnon !* vous dira-t-il... Aristote et Platon, s'ils avaient soupçonné le droit de l'esclave, la métamorphose de l'esclave en homme, auraient philosophé tout autrement sur l'esprit humain. Mais la question n'existait pas pour Platon, dont la République a des esclaves, comme elle a des meubles et de champs. Un seul philosophe parmi les modernes a entrevu, a même stipulé que la métaphysique devait servir à quelque chose. *Je n'ai traversé la métaphysique et les sciences*, disait Leibnitz, *que pour arriver à la morale*. Il eût sans doute reconnu de nos jours que la métaphysique devait aboutir à la politique, à la connaissance de l'homme envisagé sous cet aspect, sur ce terrain, dans ce rôle nouveau qui lui échoit.

Notre société a complètement omis le travail d'esprit, l'œuvre de réflexion profonde qui doit précéder les grandes réformes; un préalable qui jusque-là n'avait fait défaut à aucune. La souveraineté *de la nation* établie en 89 était revendiquée depuis un siècle dans des écrits fameux, avec le concours de la société tout entière, la plus curieuse et la plus policée peut-être qui fut jamais. Mais la souveraineté *du peuple*, qui donc l'a inventée, l'a préparée? Montrez-moi donc quelque part, même dans *le Contrat social*, la théorie du suffrage universel, les journaux, les clubs, les écoles, les sectes fondées sous cette invocation!

Tandis que d'autres peuples font leurs lois avec un certain mélange de traditions, nous faisons les nôtres, nous, avec des idées seulement. Mais ici, à propos du suffrage universel, l'idée même nous manquait : de sorte que nous avons dérogé non-seulement à la règle universelle des sociétés, mais à notre propre exception.

Une institution ne peut se passer de précédents,

d'acheminements, soit dans les mœurs, soit dans les idées. Avant de régner et de siéger dans un texte, il faut qu'elle ait fait ses approches. La démocratie, forte apparemment de quelque évidence innée, n'a pas fait ces façons.

Qui accuser ici — les psychologues qui étudiaient l'homme en oubliant son rôle politique, — ou bien les hommes d'État qui, érigeaient la souveraineté du peuple, sans songer à la base humaine et psychologique de cette souveraineté, au minimum de valeur requis par cette fonction? En tout cas il y a une lacune dans le travail de l'esprit moderne, et cette lacune est imputable surtout à l'esprit français, parce qu'il a charge des expériences politiques et qu'il a négligé son office de préparateur. Qu'est-ce qu'une institution qui n'arrive ni par la voie des précédents et des essais partiels, ni sur l'aile d'une théorie? On ne lui voit que les titres et les chances d'un champignon. Comme la démocratie s'est présentée parmi nous avec ce dénuement, son avenir est d'être, ou détruite, ou faussée, ou corrompue, ou éduquée : une dernière hypothèse que j'indique pour ne rien ommettre. Car l'éducation veut du temps; or, je doute que la société ait celui d'attendre impunément les futurs mérites dont peut s'enrichir la démocratie.

Religion, philosophie, science, trois lumières pour l'homme. Or, la religion réprouve l'émancipation humaine; la philosophie l'admet sans la régler : la science n'est pas encore arrivée du Cosmos à l'homme.

Vous me direz qu'il n'y a rien là de nouveau et d'embarrassant, que le monde a toujours commencé par faire les choses et qu'il a fini par les savoir, que la

théorie des choses est toujours postérieure à leur avé-
nement, que les grammaires, les logiques, les traités
économiques et littéraires suivent de fort loin l'usage
et le progrès des langues, du raisonnement, de la
production. Cela fut vrai longtemps, mais a peut-être
cessé de l'être, parce que désormais les hommes font
de leur esprit un usage autrement volontaire, conscient
et délibéré. Remarquez bien que toute chose nouvelle
trouve l'esprit humain dans un état de culture et de
vigueur, qui prépare à cette chose de terribles critiques, surtout s'il s'agit d'un pouvoir nouveau.
Quand on réclame l'obéissance, et avec cela des hon-
neurs, des traitements, des avantages de toute sorte,
il importe d'avoir gagné les esprits et de leur avoir
prouvé qu'on est nécessaire. — Or, le suffrage universel a négligé la discussion aussi bien que l'essai.
Il ne s'est pas plus adressé aux esprits, qu'il n'a touché
aux faits. Tel a été cet impromptu, que régnant, mais
s'ignorant, il n'a pas gouverné, qu'il a subi tantôt
l'influence des hautes classes, tantôt les influences
administratives : de sorte qu'il est à cette heure même
aussi novice ou du moins aussi inconnu qu'au premier
jour. Il est la souveraineté dont l'effet naturel et
immémorial est d'évoquer, d'appeler à elle, de conquérir la propriété ; mais il ignore l'histoire, il n'a
pas encore songé à cette nature et à cette logique
des choses.

Ce n'est pas opiner sur un pareil sujet, ce n'est pas
mettre la main à cette terrible besogne, que de faire
retour au passé et d'en essayer l'apologie, la théorie
politique : car le passé a péri à jamais, ayant été
non-seulement détruit, mais remplacé. Je retrouve ici

les contempteurs du présent qui prennent en ce
débat un rôle facile. Ils ne disent pas précisément
par où le passé leur plaît, dans quelle proportion et
par quel moyen il faudrait le restaurer ; leur effort
purement critique et négatif, par cela même nullement politique, est tout entier contre le présent. Le
reproche qu'ils lui adressent est de prendre dans la
société le gouvernement de la société, au lieu de le
chercher en dehors et au-dessus des gouvernés. Bref,
ils font valoir la difficulté politique particulière aux
temps modernes ; en quoi ils font un usage trop aisé
de leur grand et bel esprit. Le moindre fétu pour
édifier ferait bien mieux notre affaire. On voudrait
les voir à l'œuvre sur la nature humaine, exerçant
leur plus fine analyse sur la lumière politique qui
éclaire tout homme venant au monde, puis deman-
dant à la société ce qu'elle sait faire pour l'éducation
de cette innéité. Vous savez que cet homme est un
égoïste. Eh bien, dites-nous de grâce, quel redres-
sement, intime ou extérieur, peut recevoir cet
égoïsme de l'individu, non moins inné que la lumière
dont parle l'Évangile. Comment la loi et l'opinion
doivent-elles s'y prendre pour émousser un de ces instincts, pour fortifier l'autre ? Quelle dose de bien-être,
de loisir, de culture morale peut pénétrer dans la
condition des plus humbles ? Quel est le degré de
pouvoir politique proportionné parmi les plus humbles
à la somme de bien-être physique et d'éducation morale ou intellectuelle qu'ils peuvent recevoir ? Cela
vaudrait la peine d'être examiné, c'est la matière des
lois et des constitutions, c'est le sujet proposé par les
circonstances actuelles du pays aux assemblées poli-

tiques, aux journaux, aux publicistes, à l'investigation des chercheurs.

Il est trop facile d'ignorer ces complications, de se détourner de ce calice et de dire de la société : « Tu « ne te gouverneras pas ; cherche au-dessus de toi « quelque chose ou quelqu'un pour faire cette besogne « qui t'est défendue ; cherche ou rappelle un dicta- « teur, peuple ingrat et sans mémoire ; incline-toi, « soumets-toi. » Isaïe ne disait pas autre chose ; mais Jérusalem, lasse de pleurer, veut d'autres prophètes. Ne pas savoir ce qu'on veut restaurer du passé, ignorer ce qu'on peut faire du présent, c'est trop des deux moitiés.

CHAPITRE XIII.

RÉSUMÉ.

Tout comme on ne peut pas espérer le renouvellement magique d'une société, de même on ne doit pas en craindre le bouleversement satanique. Naturelles ou politiques, bonnes ou mauvaises, les choses ont une certaine stabilité qui ne se prête pas au cataclysme.

En France particulièrement, quelle que soit une situation politique, jamais elle ne pose à ce pays la question d'être ou de ne pas être. Il n'y a de péril en ce pays que pour la liberté, jamais pour la vie. Cela tient à ce que la France a pour besoin essentiel et fondamental le besoin d'être gouvernée : un gallicisme s'il en fut, qu'il ne faut pas confondre, s'il vous plaît,

avec le besoin d'obéir, avec les servilités de l'Orient et
de la théocratie. Le besoin français d'être gouverné
est un hommage rendu à deux forces légitimes, à
deux autorités, pas moins que la conscience et l'intelligence ; c'est un aveu de la loi morale comme souveraine, de l'esprit comme supérieur. Ajoutez au gouvernement certaines qualités comme la distance,
l'éloignement, la centralisation enfin, et vous avez le
secret de cette inclination de la race vers le gouvernement. Chose bizarre! la race serait individualiste, si
son idéal était celui de la force ; mais elle est centraliste, parce que son idéal est celui du droit, dont le gouvernement est l'organe, d'autant meilleur qu'il applique le droit de plus loin aux personnes et aux choses.

Ce besoin fortement ressenti par une société y représente l'instinct vital aussi bien que l'instinct moral ; car ce qui fait la vie d'une société, c'est l'ordre, et
ce qui fait l'ordre, c'est le gouvernement. Si l'homme
est un animal sociable, ainsi que l'a dit Aristote, il
faut croire que le Français est un animal gouvernable, avec cet effet que plus en France on détruit l'organe du gonvernement, plus cet organe y pousse de
nouveau et fonctionne avec vigueur. Un rien suffit
pour le faire reparaître ou pour en tenir lieu et en
remplir l'office qui est quelquefois le salut public. La
Convention n'avait pas plus de quinze départements
sous son drapeau, à certains moments de 1793, où
elle reprit la France sur les rebelles et sur l'étranger.
Il faut voir comme la chose est contée par M. Thiers
et jugée par le feu duc de Broglie, dans ses vues *sur
le gouvernement de la France*. Ainsi le tempérament
français comporte une restauration toujours immi-

nente, toujours prête, de la vie sociale et de l'ordre
public, avec un mauvais côté par exemple qui est l'a-
journement facile de la liberté. Mauvais en effet et
même détestable, car la liberté est un intérêt éminent
de toute société moderne et occidentale : elle est une
manière de vivre qui importe à la fructification morale
d'un pays, surtout de la France. Quand un pays n'est
pas libre, après l'avoir été et se croyant capable de
l'être, ce pays, dégradé à ses propres yeux, devient
stérile. Il ne porte plus de grands hommes, ce qui est
le fait actuel de la France, fait imputable à l'empire
dans sa première manière, laquelle a duré quinze ans.

Toujours est-il que la France n'est jamais en péril
de mort et de dissolution : elle fera ou laissera faire
une dictature, ce qui est le plus haut point de gouvernement, plutôt que de se sentir désordonnée et
disloquée, plutôt que de tomber en morceaux et de
pratiquer une pure anarchie, une pure instabilité. La
chose, c'est-à-dire la dictature, est regrettable sans
doute ; mais tout vaut mieux que les violences d'une
guerre civile, avec des fruits comme le démembre-
ment et le fédéralisme, ou que la domination d'un
parti, infiniment pire que celle d'un homme.

Après tout, la France, il y a soixante-dix ans, sous
le Consulat, a su devenir une société paisible et res-
pirable, avec des matériaux d'une incohérence, d'une
hostilité encore plus violente que ceux d'aujourd'hui.
On n'a pas assez remarqué comme la société était difficile à refaire, au commencement du siècle, parmi des
castes qui venaient de se proscrire, de se confisquer,
de se guillotiner, parmi des chaumières et des châ-
teaux qui s'était successivement exploités et brûlés ;

comment toutefois elle s'est refaite par la centralisation et combien il eût été important aujourd'hui de ne pas toucher à cet instrument souverain de discipline et de cohésion. Vous me direz qu'il y eut un grand homme, le premier Consul, pour opérer de la sorte, qu'il y eut en outre la victoire, cette facilité, cette bénédiction qui nous a quittés. Je conviens que jusqu'à présent nous n'apercevons rien de pareil. Mais il n'est pas prouvé qu'un grand homme soit nécessaire aujourd'hui pour des difficultés infiniment moindres, et dans une société qui a pris une certaine habitude des ébranlements sans chute. Grandes elles vous paraissent, quand vous voyez d'une part les dissensions croissantes de la classe supérieure et d'autre part les prétentions croissantes de la classe inférieure. Cela signifie, à première vue que les unes peuvent de moins en moins gouverner les autres, qui deviennent de plus en plus ingouvernables. Mais il est une manière de mettre d'accord les classes supérieures, c'est de ne pas relever le trône qu'elles se disputent et de leur laisser pour toute politique la défense de leurs biens et de leurs personnes contre le suffrage universel, politique où elles doivent se fondre et se concentrer, sous peine des conséquences les plus capitales.

Quant aux classes inférieures, s'il était vrai de dire que leurs prétentions sont croissantes, que leur revendication est partout celle du pauvre contre le riche, et qu'elles ont les plus noirs projets contre le capital et la propriété foncière, il y aurait là assurément un état de choses fort alarmant. On ne saurait imaginer de plus grand péril pour une société que la colère du nombre, que la masse armée en guerre contre les puissances et les supériorités dont elle est exclue. Mais rien n'est plus faux que cet état d'esprit, que cette portée et cette universalité de rage, prêtés aux classes inférieures. Vous allez voir en quelques distinctions ces apparences grossières se dissiper ou du moins se réduire, se cantonner, se diplomatiser en quelque sorte.

D'abord, il ne faut pas parler des classes inférieures en général, prises dans leur ensemble, comme mécontentes et subversives. La classe rurale n'a pas à beaucoup près de tels sentiments, soit parce qu'elle est propriétaire, soit parce qu'elle est dispersée. Or, cette classe inoffensive représente les trois cinquièmes de la population française, ce qui emporte, ce qui détruit la menace terrible, inhérente au nombre : il faut parler seulement de la classe ouvrière. Or, cette classe, si vous comptez les ouvriers de la laine, de la soie, du coton et du fer, se compose uniquement de trois millions d'hommes, une minorité comme vous voyez, une faible minorité dans l'ensemble de nos populations. Il me serait facile de montrer que là seulement se débattent les questions irritantes, capiteuses, et que l'agglomération où vivent ces hommes est uniquement ce qui fait de leurs clameurs un trouble et une alarme. Dans les campagnes, je le répète, la question du salaire est nulle; elle est résolue par la diffusion de la propriété, c'est-à-dire par le travail, par la vie en quelque sorte que s'est assurée le paysan érigé en propriétaire. En tout cas, elle est émoussée et désarmée par la dissémination des propriétaires. De sorte qu'il s'agit seulement de satisfaire et de contenir les populations agglomérées, les seules où la question des salaires ait quelque chose de perturbateur : affaire de l'armée et des chemins de fer.

A l'agglomération prise en général ajoutez deux autres circonstances dangereuses : 1° Paris, principal théâtre de cette agglomération où le grief du travailleur fermente démesurément : 2° l'abîme de misère où tombent *certains* ouvriers, abîme où ils sont plus misérables que l'esclave antique, puisqu'ils y trouvent la mort ou du moins une abréviation de la vie qui équivaut au suicide. Le maître antique, si maître qu'il fût, dans toute la dureté du terme, ne voulait pas la mort de l'esclave. Cela est évident. Mais des hommes livrés à eux-mêmes sont capables çà et là de se traiter eux-mêmes plus durement, plus mortellement, par l'abus de leur liberté, faute d'empire sur eux-mêmes, que ne ferait le plus cruel des maîtres.

Bref, nous avons chez certains hommes une aggravation de l'esclavage antique, et cela dans une société moderne dont la civilisation est justement de restaurer et d'exalter l'homme pris en cette simple qualité. Quelle que soit dans cet état de choses la part qui revient à l'homme, à la Providence ou à la société, cet état constitue une anomalie frappante, mais qui ne peut être subversive, parce qu'il s'agit là d'un mal partiel, local et pour ainsi dire cantonné dans des régions, dans des proportions fort réduites.

Je le répète, la question du salaire est tout ce qui constitue aujourd'hui le socialisme. Il ne s'agit plus des sectes : leurs beaux jours sont passés. Où est le

temps que le Saint-Simonisme, le Fouriérisme, l'O-
wénisme faisaient rage, parlant à la société d'une
nouvelle manière d'être et lui proposant une nouvelle base, une nouvelle échelle et surtout un éche-
lonnement nouveau? Il me souvient d'un temps où
propriétaires et capitalistes étaient arrivés à un certain doute sur leurs droits, et cela à l'aspect d'une
révolution socialiste, d'une révolution contagieuse
qui avait fait son tour d'Europe. Le temps, la réflexion
et même l'essai ont emporté ces mièvreries. Reste
aujourd'hui pour tout socialisme une seule question que voici : le travailleur doit-il pour toute récompense de son travail ne pas mourir de faim?
Quand il apporte à l'œuvre de la production un
concours tout aussi nécessaire que celui du capitaliste, que celui du propriétaire, que celui du gé-
rant, est-ce là tout le profit qu'il doit retirer de ce
concours? Oui assurément, disent les économistes,
car *le salaire est ce qu'il faut à l'ouvrier pour vivre et continuer sa race.* Je sais bien que telle est la définition
orthodoxe du salaire. Mais quand les économistes
poussent leur principe à ce point, ils se font secte, et
l'on ne voit pas ce qu'ils ont de supérieur aux Phalan-
stériens. Il est vrai que ceux-ci veulent bâtir des pha-
lanstères; mais le bon plaisir des économistes serait
qu'il n'y eût ni hôpitaux ni hospices, et que l'homme
absolument livré à lui-même et à ses œuvres, se fît
une destinée selon ses mérites. A les entendre, la
vieillesse et la maladie n'ont aucun droit sur la société,
sur la fortune publique. Pourquoi la jeunesse et la
santé ont-elles manqué de prévoyance? Si vous êtes

sans ressources dans la souffrance et dans le grand âge, c'est faute d'avoir préparé des ressources, et cette faute vous est imputable.

Mais laissons là les sectes qui ne savent rien, c'est-à-dire qui ne savent qu'une chose, qu'un principe pour traiter les sociétés humaines, où apparaissent l'être et la vie, arrivés à leur plus haut point de complication, soumis à des lois naturelles, avec cela mêlés d'âme et de libre arbitre, le règne humain enfin.

Je m'adresse aux travailleurs — : vous convenez, leur dirai-je, que la société vous empêche de mourir de faim ; mais, en vérité, ce service n'est pas mince, et la société fait ainsi pour vous plus que n'a fait la Providence, plus que ne fait la famille, plus que ne savait faire le passé. Elle fait ce qu'elle est seule capable de faire, la Providence vous ayant jetés nus sur la terre nue; et la famille sous forme de parents, vous quittant, vous lâchant presque toujours au milieu de votre carrière. Quant au passé, savez-vous ce qu'étaient les premiers hommes? des cannibales. Ils se mangeaient les uns les autres. Tout porte à croire que telle fut la première forme de l'inégalité des conditions, en attendant l'heure plus clémente où il leur serait permis d'épargner les faibles et de les asservir. L'esclavage en son temps fut un progrès, quand l'homme, au lieu d'être un repas, fut une chose, un instrument.

Vous entendez d'ici la réponse du travailleur. Il en appelle à la raison qui est l'attribut humain, qui est la force répandue parmi les hommes pour être supérieurs en bien-être et en dignité à tous les animaux créés. C'est en vain, dit-il, que la Providence nous aurait donné la raison, si la raison ne devait pas rendre d'autres services au travailleur qui est un homme, que de vivre comme un simple animal. Faisant cette humilité de condition à la masse des hommes, la Providence aurait traité l'homme moins bien que la dernière des brutes. laquelle est mise au monde avec son vêtement et au milieu de sa pâture. Ce que la Providence n'a pas fait directement pour l'homme, la raison individuelle et *sociale* qu'elle a mise en nous doit le suppléer et l'achever.

Telle est la prétention élémentaire du socialisme dont le propre est d'impliquer un appel à l'État. Cette prétention est légitime, sauf à en reconnaître les termes et les limites : elle est légitime dans des termes qui consistent à revendiquer une application spéciale et directe du gouvernement au bien populaire. En droit, ce socialisme, c'est la morale introduite dans les lois et dans le gouvernement, la morale, laquelle n'est pas seulement d'empêcher le mal, mais de faire le bien. Pourquoi la charité ne serait-elle pas une vertu et un devoir de gouvernement aussi bien qu'un précepte privé? En fait, le socialisme est une pratique de la Grande-Bretagne sous des formes diverses, mais notamment sous cette forme dispendieuse qui s'appelle la loi des pauvres Un principe qui coûte deux cents millions à l'Angleterre, au plus pratique et au plus positif de tous les peuples, au moins fantasque et au moins prodigue, est un principe qui ne peut être. parmi nous un inconnu et un suspect, dans ce mélange, dans ce niveau de civilisation qui rapproche les deux peuples. Notre socialisme sera-t-il celui de l'Angleterre? cela n'est pas nécessaire. On peut se demander si la réduction des heures de travail, si les assurances de la vie entre les mains de l'Etat, si les bureaux de poste changés en caisse d'épargne peuvent devenir antant d'institutions françaises. Cela est à examiner de fort près; mais à coup sûr la grande application du socialisme en France c'est l'enseignement primaire. Ce peuple excelle à l'épargne : de quoi les marques sont nombreuses, soit dans le contenu des caisses d'épargne, soit dans l'affluence des petits prêteurs aux emprunts ouverts par l'Etat, soit dans la petite propriété, dans la propriété diffuse comme elle est, par l'ardeur du paysan à se rendre acquéreur de la terre. A ce don de l'épargne ajoutez la culture d'esprit, et il n'excellera pas moins à l'emploi de son épargne.

La société française, par les soins tout particuliers donnés à l'intérêt populaire, par le discernement et le traitement spécial du bien populaire, comme élément du bien public, ferait beaucoup pour se fortifier et se sanctifier. Au surplus elle aurait bien tort de se prendre au tragique et de se tenir pour maléficiée, pour maudite.

On ne sait pas ce que le monde peut supporter de désastres et d'angoisses : la France surtout avec sa légèreté fameuse qui est le masque des forts, qui tient un peuple ou un homme debout et avec la plus fière mine, quand il a le cœur brisé quelquefois.

Vous trouvez peut-être qu'aujourd'hui nous avons tout lieu de geindre, de palpiter, de trembler jusqu'à la moelle des os; mais ce pays a passé plus d'une fois par des angoisses toutes pareilles, qui l'ont trouvé invulnérable, qui l'ont laissé intact, et même refait pour des destinées meilleures. Le monde a toujours été un Jérémie pour les lamentations, parlant de sa fin prochaine, se croyant à sa dernière heure ; mais il ne dépend pas de lui de vivre ou de mourir, et son désespoir ne pèse pas un fétu dans les gracieux conseils qui le gouvernent. Au fond il ne désespère pas, il parle, crie et râle comme s'il allait passer ; mais il n'en meurt pas plus et n'en vaut pas mieux. Il ne laisse pas que de vivre et de courir au divertissement (un mot de Pascal) comme s'il n'avait pas la moindre atteinte au cœur, le moindre doute sur son avenir éternel ou même terrestre.

Vers l'an mil où le monde croyait à sa fin, il péchait aussi délibérément que jamais ; ces pécheurs n'avaient imaginé qu'un sacrifice, qu'une expiation qui était de frauder leur héritiers, en léguant leurs biens aux moines. Telle est la profondeur des sentiments humains.

A vrai dire, il n'est pas une époque qui ne se soit regardée comme grande et affligée entre toutes, comme frappée d'un mal secret et puissant, comme marquée d'un sceau fatal, pour être quelque chose de terrible en fait d'exemples. Infatuation que tout cela! Il ne faut prendre au sérieux ni Job, ni René, ni Lara, ni les sociétés les plus éperdues. Ecoutez donc Tertullien ! il vous montre la puissance romaine couvrant le monde de ses monuments, de ses inventions, de ses entreprises, avec cela entendant les pas des barbares dans les steppes de l'Asie, *onerosi sumus mundo...* ne dirait-on pas que le monde va crouler sous la splendeur et la défaillance de l'empire d'Orient! Et Charlemagne, quelle ne fut pas sa tristesse à l'aspect des invasions normandes, croyant voir tomber ce qu'il croyait avoir fondé : illusion sur illusion ! Quelquefois, c'est une caste qui prend ses périls pour une catastrophe universelle. Il y eut un temps où les communes, les simples communes, furent traitées de nom nouveau et exécrable. Quelquefois chez les races à grandeur matérielle, la banqueroute est un fantôme redouté, dont l'approche bouleverse toutes les imaginations ; l'Angleterre a compté en quelques années vingt-deux prophéties de banqueronte, énumérées par sir Henry Paruell.

Mais revenons aux grandes choses. Il est très-vrai de dire que le monde, que l'humanité a couru au véritable péril au xvie siècle, par le fait de la Réforme, alors que l'unique autorité morale était la Religion, et que l'Eglise était l'unique organe de cette autorité. Est-ce que toutes choses n'allaient pas tomber en dissolution, avec le droit des individus consacré en pareille matière ? Tout survécut et s'améliora. En 89 reparurent toutes les terreurs d'un cataclysme, et vous estimez peut-être que la Révolution n'est pas finie, que ses œuvres ne sont pas épuisées, que le suffrage universel vous réserve des surprises et des épreuves nouvelles. Mais le vraisemblable n'est pas toujours le vrai. Le vrai, c'est la vie qui est dans le monde pour y rester et pour s'y développer, dans ce pays surtout, élu jusqu'à ce jour pour les œuvres les plus vitales à travers les plus mortelles vicissitudes.

Il ne faut donc pas s'arrêter et se morfondre devant certains aspects de notre situation actuelle, et recommencer une littérature épuisée, il y a quatre mille ans, *super flumina Babylonis*, par des prophètes célèbres. Il faut voir les choses comme elles sont, et les prendre pour ce qu'elles valent, pour ce qu'elles signifient, ni plus ni moins.

A cette fin, la première précaution à prendre est de ne pas les considérer isolément, mais de les comparer — soit à ce que nous avons vu d'analogue chez nous, il y a vingt-cinq ans, et qui a disparu — soit à ce qui apparaît d'analogue chez les autres, notamment chez ce grand peuple d'outre-Manche qui a tant de maladies en commun avec nous, quelques-unes plus criantes, mais aussi bien plus facilement, plus fortement traitables, dans ce pays où les classes supérieures sont unanimes en politique, et maîtresses par là du gouvernement. Ceci, par parenthèse, vous pose une question et vous ouvre un horizon en passant: la question et l'horizon de la République, qui est le seul gouvernement où les grands de ce pays puissent devenir unanimes.

Toute réflexion faite, nos masses populaires sont moins alarmantes que celles de la Grande-Bretagne, n'en ayant ni le nombre, ni l'excès de misère, ni l'audace, ni la discipline politique, ni les démagogues, ni l'aptitude aux grands mouvements d'opinion. Par exemple elles ont la portée aggressive qui réside dans un certain tour d'esprit français, théorique et logique à outrance, appuyé sur la déclaration des droits de l'homme et sur une pratique révolutionnaire qui date de 1789. Mais tout cela, vu de près, ne charge pas autrement notre avenir.

D'abord les révolutions ne sont parmi nous qu'un accident justifié, en général, par les torts officiels. En tout cas, prenez bien garde que les révolutions ne viennent pas du peuple seulement, mais du peuple conduit et discipliné par un notable appoint des classes élevées, par un état-major supérieur, que les émotions purement populaires, par exemple celle du 15 mai 1848 ou de prairial an IV, n'ont pas su devenir des révolutions. Le peuple ne sait rien faire à lui tout seul, pas même les révolutions, rien qui dure, rien même qui détruise. Une machine, aussi fortement liée, aussi bien construite qu'un gouvernement français, est la dernière qui puisse tomber devant le caprice de la rue.

Je ne nie pas toutefois l'esprit révolutionnaire de la France, puisé à différentes sources historiques ou innées, encore moins le caractère perturbateur de l'agglomération parisienne, l'émeute toujours imminente de ce côté. A ceci, il n'est qu'un remède : nous l'avons déjà reconnu, il y a quinze ans, à propos de centralisation. Ce remède, c'est une armée à Paris et encore faut-il que cette armée ait un nombre, une discipline, une manière de vivre par où l'instrument répressif soit profondément distinct et isolé de la manière répressible.

Réprimer ne suffit pas, quand les soulèvements tiennent à un fond de misère quelquefois imméritée. La misère est inévitable comme le vice ; mais la loi et les pouvoirs publics doivent s'efforcer de la réduire à cette source unique. Et encore ils peuvent agir sur le vice par le façonnement de l'esprit populaire, par le nombre et l'accessibilité des écoles.

Si nous supposons la sécurité publique qui entretient le travail, si nous y ajoutons une bonne législation des écoles et de l'assistance publique, la classe des misérables peut être réduite dans une proportion croissante qui serait un triomphe, mais le seul, où la meilleure société puisse prétendre. Je parle de ces misérables dont nous avons déjà touché un mot, qui nous représentent dans leur objection profonde, quelque chose d'inférieur à l'esclave antique.

Ce trait m'importune, parce qu'il met en doute la réalité du progrès moderne. Mais ici le nombre fait beaucoup à l'affaire ; car si la classe d'hommes dont on vient de parler n'était pas plus nombreuse que celle des malfaiteurs juridiquement classés, que ce qu'on appelle en style de police, *les classes dangereuses*, ce serait partie gagnée. La société aurait fait ses preuves, aurait couvert sa responsabilité, ayant réduit le mal dans ces proportions où le mal cesserait de lui être imputable. Car enfin, s'il n'y avait pas plus de misérables que de repris de justice, qui oserait faire un crime à la société de cette misère persistante, mais réduite ? Dire à la société qu'elle fait ces misérables, ce serait lui dire qu'elle fait ces criminels, ces malfaiteurs dont n'est pas exempte la cité la plus équitable et la plus vigilante. Cela revient à dire que la nature humaine est fragile et vicieuse, que la condition humaine est ingrate et difficile, que la meilleure société ne peut corriger ni l'une ni l'autre. Seulement les vices de notre nature et de notre condition prennent un relief saisissant, horrible, quand ils paraissent, même à l'état d'exception, dans cet ensemble amélioré d'existences, de mœurs, de consciences publiques et officielles, qui constitue une société moderne. Encore une fois, tout ceci est une question de chiffres et de proportions : une société est sans reproche, quand elle travaille et réussit à réduire la statistique des misérables, soit par mesure générale et réglementaire, soit par une charité plus abondante et mieux entendue. Cela fait, il ne lui reste plus, quand la misère éclate en soulèvement, qu'à faire son devoir envers tous : et ce devoir, c'est la répression des uns pour la protection des autres.

Est-il possible qu'une nation comme la nôtre, d'un si long passé, d'une élaboration si lente et si forte, soit destinée à périr par un accident soudain, ou par le paroxysme d'un mal ancien et national? Cela n'arrive à aucun animal que je sache, et contredit toutes les lois de l'histoire naturelle ou politique. Il y a sans doute dans notre société depuis 1789 de nouvelles menaces, mais aussi bien il y a paru en même temps des forces nouvelles. J'appelle force, cette diffusion croissante du sol français, parmi les classes rurales, intéressées désormais à la sécurité, c'est-à-dire à la récolte et à la vente des produits fonciers. La Révolution a créé par là tout autant de puissance pour conserver que pour innover, tout autant d'intérêts acquis à la défense sociale que d'idées favorables au changement, à la subversion.

Je constate en outre ceci : que la Révolution a mis au jour certaines idées, mais qu'en poursuivant sa marche elle les a controversées, vérifiées et finalement répudiées. Ces idées ont succombé, incapables de résister à la controverse qui leur demandait des preuves, et même à leur triomphe qui leur demandait des œuvres. Il faut se rappeler que l'esprit français, en ses plus grandes audaces, a eu ses années de pleine expansion et même de révolution triomphante, où il a pu tout dire, et tout entreprendre, mais où il n'a su rien faire. On peut noter et préciser cette période qui tient entre 1822 environ, où le saint-simonisme est apparu, et la fin de l'Assemblée législative, où disparut, sous le coup d'Etat du 2 décembre, toute discussion libre.

Pendant ces trente années, le socialisme, la palingénésie, les sectes, la révolution enfin, ont pu tout dire et même tout essayer. On sait quel fut l'échec de ces nouveautés, un échec si complet qu'elles ont cessé d'être un objet de crainte ou de considération pour leurs adversaires, un objet de foi pour elles-mêmes.

Cette foi les avait tellement quittées, que la Commune de Paris, délibérant à l'Hôtel-de-Ville, n'a pas soufflé mot sur le socialisme, n'a pas dit le premier mot de ce qui se débattait au Luxembourg en 1848.

Ainsi, la société française, dans son état actuel, a pour elle le droit, et, ce qui est plus encore, le sentiment de son droit. Outre le droit, elle a la force : que voulez-vous de mieux ? Une force aussi facile à reconnaître et à constater que celle du nombre, s'il vous plaît.

Donc, le progrès n'est pas un vain mot, une fausse étiquette de nos jours. Le progrès consiste en ceci : que le nombre des misérables (dont la condition est inférieure à celle de l'esclave antique, dont la vie est précaire), est un très-petit nombre, et qui va toujours décroissant pour tomber, selon toute apparence, au même chiffre statistique que celui des classes dangereuses.

Ainsi, ne me parlez pas de la masse des travailleurs, de la condition des salariés, des classes pauvres, du peuple enfin, comme d'une perturbation et d'une

subversion toujours prêtes, au nom des idées nouvelles et d'une misère permanente. Ce mélodrame ne
sera jamais joué. Les idées manquent, les idées ont
péri. Quant à la misère, elle ne persiste que parmi
un très-petit nombre qui n'a pas plus la force que le
droit de mettre à mal la société. Si vous voulez voir
à quoi se réduisent les acteurs probables de cette
scène, défalquez d'abord de cet ensemble goupé tout
à l'heure sous le nom de peuple, comme un nuage
plein de foudre, détachez-en, dis-je : 1° les paysans
propriétaires, qui ne font pas grande figure sur l'é-
chelle sociale, mais qui ne passeront jamais pour des
ennemis de la société, qui sont des travailleurs, mais
non des salariés ; — 2° tant de salariés dont le salaire
est stable : les domestiques, depuis l'hôtel et le châ-
teau jusqu'à la ferme ; — 3° les employés de boutique,
dont la condition est la même sous le rapport de la
stabilité du salaire ; — 4° parmi les salariés même de
l'industrie, distinguez soigneusement ceux de certaines industries, à Lodève, par exemple, où le salaire
est régulier, où le chômage est inconnu, parce que
ces industries sont alimentées par des commandes
toujours identiques.

Toutes ces éliminations faites, il reste encore bien
des misérables dans certaines villes d'industrie ; il
s'en rencontre beaucoup à Paris principalement. Mais
enfin les ouvriers de la laine, du coton, de la soie et
du fer, ne sont pas plus de trois millions en France.
Est-il croyable qu'une société soit destructible par
moins du dixième de sa population ? J'ajoute que ce
dixième ne se compose pas tout entier, à beaucoup
près, de misérables ; que beaucoup, parmi les ou-

vriers, s'accommodent de leur position, et même la dépassent. J'emprunte aux enquêtes de la chambre de
commerce le fait que voici : *on compte à Paris*, 31,000
fabricants qui emploient de 2 à 10 ouvriers : 62,000
fabricants qui emploient 1 *ouvrier ou qui travaillent
seuls*... Evidemment ces petits fabricants sont des
ouvriers qui ont eu la force d'acquérir un petit capital,
la force de l'épargne, de la privation, de la vertu pour
tout dire, et cela parmi toutes les tentations pari-
siennes ! Allez-vous croire encore au danger implicite de cette partie de la population qui est le petit
nombre, alors surtout qu'elle n'est pas dangereuse
dans tous les éléments de ce petit nombre ?

Je conviens que l'ordre social, s'il est peu menacé
et mal attaqué parmi nous, est mal défendu par les
classes supérieures ; mais notre position à cet égard
vaut bien celle de la Grande-Bretagne, quoique les
éléments de cette position ne soient pas les mêmes.
Parmi les Anglais, c'est l'ouvrier qui est nombreux,
c'est le paysan qui est rare ; ce qui leur fait de ce côté
une position fâcheuse pour l'ordre public. Mais, d'un
autre côté, on voit en ce pays là des classes supérieures
qui sont cohérentes, unanimes, maîtresses par là du
gouvernement, et qui n'excellent pas moins aux concessions qu'aux répressions.

A propos de concessions ou plutôt de satisfactions
populaires, c'est un point à ne pas perdre de vue
parmi nous, même dans l'hypothèse prévue plus haut
où les misérables ne seraient tels que par un effet de
leurs vices. Cette cause de la misère, fût-elle unique
et constatée, laisserait au gouvernement de grands
soins. Comme une société progressive traite avec des

égards croissants le prisonnier, le malfaiteur, le débiteur, la population de bagne et de maison centrale, qui ont le tort manifeste d'être vicieux, elle ne saurait en user moins humainement avec la population dégradée des derniers échelons, qui perche dans des bouges, qui abuse de l'alcool, qui vit dans la promiscuité, dans l'ivrognerie, dans toutes les ordures morales et physiques.

Nous avons parlé de l'agglomération, circonstance qui seule donne un corps, une voix, à la classe peu nombreuse des salariés de l'industrie. Nous avons dit que cette classe montrait çà et là certains types de misère et de dégradation, inconnus à l'antiquité, malgré ses esclaves, inconnus aux pays modernes qui n'ont pas encore la haute civilisation industrielle. Ce dernier point vaut la peine qu'on s'y arrête, d'abord pour remarquer, ainsi qu'on vient de le faire, le devoir de correction, d'atténuation qu'ils imposent à l'État; ensuite pour expliquer comment ils se rencontrent dans une société progressive. Ils en sont l'effet comme l'ombre est un effet de la lumière. Dans une société où en général le travail est demandé, où en général l'instruction est accessible, qui offre même l'un et l'autre, les individus qui ne peuvent ou qui ne veulent s'instruire et travailler, soit par quelque vice d'intelligence ou de volonté, soit par quelque fatalité de circonstances adverses; ceux-là, dis-je, sont les derniers de la société, les derniers à une distance qui fait frémir, qui est un abîme, où ils sont la proie de toutes les brutalités, de tous les cynismes, de toutes les ordures qui peuvent se disputer un homme, pour le défigurer et l'anéantir en quelque sorte. Dans une expédition toute récente,

à Java, les Hollandais entendent une horrible clameur, perçante, éperdue ; un convoi de blessés avait
versé dans une fondrière, et les crocodiles s'étaient
abattus sur le convoi. Cela ne vous figure pas mal
le rebut de la société civilisée, ses aventures mortelles,
son agonie permanente. Livrez des hommes à eux-
mêmes dans un milieu qui leur offre des ressources,
mais qui leur impose quelques efforts, il arrivera que
certains de ces hommes tomberont au niveau de la
brute pour la brutalité, au-dessous de l'esclave antique pour l'avilissement. Tout comme les voleurs
les plus adroits sont ceux d'une société où chacun
peut gagner sa vie honnêtement, de même les misérables de cette société seront les plus misérables de
tous. Il y a en eux une vocation de déchéance et
d'abaissement, comme chez les autres la vocation du
vol. Mais encore une fois, cette sinistre aventure est
celle du petit nombre, du très-petit nombre. Il y a là
de quoi défigurer un état social, mais non de quoi le
perdre. Si l'on veut du péril, il faut le chercher ailleurs. Il faut considérer Paris tel qu'il est devenu depuis 1789 et surtout depuis 1850, avec sa population
qui a presque doublé en nombre et en qualités explo-
sibles.

Supposez que Botany-Bey, un séjour et un rendez-
vous de convicts, comme vous savez, soit en même
temps un endroit fameux pour l'industrie, pour les
usines de toutes sortes, pour l'agglomération des
ouvriers les plus nombreux et les plus variés. Supposez en outre que cette ville nouvelle soit un grand
foyer politique, qu'elle ait une histoire toute récente
et bien connue, une histoire de volcan pour les ex-

plosions populaires. Naturellement, cette Atlantide aura des journaux, des tribuns, de la clameur et de la colère à tout propos. Voilà, direz-vous, une cité qui court de véritables périls, où il fait bon de ne pas vivre, surtout pour les gouvernements.

Oui, sans doute ; mais si vous ajoutez que cette ville est la capitale d'un pays habité d'ailleurs sainement et fortement par une population quinze ou vingt fois plus nombreuse, qui paie l'impôt et qui fournit les hommes nécessaires à une bonne armée ; si vous ne perdez pas de vue que cette armée elle-même a une bonne tradition, que le pays et l'armée sont eux-mêmes une race éminemment gouvernable, vous conclurez de là seulement que Paris doit être entouré de forts et de camps, gardé par cent mille hommes de troupes, et que ces troupes elles-mêmes doivent être gardées contre la contagion des sentiments populaires par l'isolement, le baraquement, etc.

Que voulez-vous ? chaque société a ses conditions de vie qui tiennent à son passé. Le nôtre a fait parmi nous de la centralisation, et par conséquent une capitale d'un prestige, d'un empire véritable. Vous pouvez bien croire que les périls comme les bienfaits vont s'y accumuler, que les plus grands ou les pires événements vont partir de là. A chaque jour sa peine : vous ne pouvez détruire cette œuvre des siècles, mais vous pouvez la traiter par des expédients, par des précautions nouvelles comme les circonstances. On peut vivre avec cela. Il en est des sociétés comme des familles : chacune a sa croix, son épine, son squelette hideux et menaçant dans quelque coin. La France ne mourra pas de son mal actuel, quoique

ce mal ancien soit plus aigu que jamais : elle y survivra, parce qu'il est combattu par des forces nouvelles et supérieures d'aplomb social, de bien-être
économique, d'expérience et de confiance impertur-
bables survenues à ce pays. L'expérience est celle des
chutes, la confiance est celle des restaurations, des
réparations et finalement d'un progrès soutenu, qui
ne s'est pas encore démenti.

Il faut en finir... toutefois je n'ai pas assez dit combien on calomnie la France en la traitant de révolutionnaire, c'est-à-dire de malade et d'empoisonnée.
Car telle est la portée du grief. Il n'y a pas de vilenie,
pas de scélératesse qu'on ne fasse tenir sous le mot de
révolution. On dirait une récréation dans le vol et
dans le sang, qui a le don de nous charmer, de nous
attirer à d'incessantes récidives. Cependant, prenez-y
garde. Si tels étaient les instincts du pays, il n'y pa-
raîtrait pas seulement à l'heure des révolutions : l'of-
fense et la souillure en serait partout; nous aurions
pour pain quotidien tous les attentats du Code pénal,
et pour fin d'année des statistiques criminelles à faire
frémir.

Quand on aime à tuer, à voler, à brûler, on n'attend
pas pour cela l'occasion politique, on se donne carrière
à tout propos, on se met à l'aise dans la vie courante et
privée, on commet tous les crimes de droit commun.

Un peuple dévoré de tels appétits, sujet à de telles
énormités, serait le dernier des peuples, abruti et dépravé entre tous, la plus impuissante et la plus impossible des sociétés, un séjour de maudits, montré du
doigt parmi les nations, frappé d'isolement, perdu
d'émigration. Est-ce donc là notre signalement?...

Je conclus de là que nos révolutions ne tiennent pas à notre caractère, qu'elles sont purement accidentelles, et qu'il reste à trouver la cause de cet accident.

La France n'ayant pas un goût des révolutions qui serait simplement le goût du crime, par où serait-elle révolutionnaire? Par amour du changement? Mais elle a gardé pendant neuf siècles environ la même forme de gouvernement dans la même famille. — Par amour de cette indiscipline que les Anglais appellent *principe volontaire*, et que nous appelons *individualisme?* Mais elle est éprise et se laisse combler de centralisation, de réglementation, de tutelle publique. — Par abus, par déviation de certaines qualités audacieuses et violentes? Mais la France n'ayant pas ces qualités (qui sont plutôt celles de l'Américain) ne saurait en avoir cette perversion. Songez donc que si la France aimait les révolutions, elle garderait plus longtemps l'état révolutionnaire; on ne verrait pas parmi nous une telle hâte à relever les gouvernements et à recommencer les périodes paisibles qui sont après tout, même depuis 89, notre manière d'être habituelle et normale. Pure exception et simple surface que nos révolutions! La vérité pratique et usuelle, le fond et pour ainsi dire la permanence des choses parmi nous est ceci : travail et épargne populaire : c'est tout ce qu'on peut demander au peuple d'esprit et de vertu. — Savoir et habileté des classes supérieures, qui paraît dans toutes les œuvres d'esprit, dans les professions libérales, dans les service publics.

Restent nos révolutions... Comme elles ne procèdent ni de tel vice particulier, ni de telle qualité spéciale, encore moins d'une immoralité générale, il faut bien croire qu'elles sont imputables à nos gouvernements. Est-ce que ce pays aurait par hasard le privilége des gouvernements ineptes et enragés? Le fait est que cela lui est arrivé plus d'une fois.

On a, me direz-vous, les gouvernements qu'on mérite. — Rien n'est moins clair : on a les gouvernements qu'on peut. Les gouvernements sont tellement nécessaires, les plus mauvais rendent de tels services, ils ont d'ailleurs une telle force contre l'individu, qu'on supporte les moindres ou même les pires gouvernements comme préférables à l'anarchie. On les prend sans les connaître : c'est le cas de l'hérédité. Quelquefois on les élit sans les connaître davantage, sur la foi de leur nom ou de leur tradition. Une fois établis, on les supporte eux et leurs fautes, parce qu'ils ont la possession, l'autorité de toute sorte. Cependant une nation, surtout moderne, surtout la France, ne peut renoncer au droit de juger ses gouvernements, et même de les exécuter; car tel gouvernement peut commettre des énormités impardonnables, tel autre qui avait de l'esprit et de la vigueur à ses débuts, peut tomber en enfance. De là des révolutions nécessaires et légitimes, quoiqu'il en coûte. On fait des réformes, me direz-vous. — Oui quand le vice est dans telle institution ; mais quand le vice est dans le gouvernement, et quand ce gouvernement est un homme ?...

Mais enfin, le pays est-il donc sans faute et sans reproche dans le fait de ses révolutions? Je réponds que les travers de l'esprit français paraissent plutôt dans ses lois (garde nationale et suffrage universel) que dans ses révolutions.

On insiste et l'on me demande si je n'aperçois rien de pernicieux et de menaçant, rien de révolutionnaire enfin dans la situation actuelle, notamment dans l'esprit qui a fait les dernières élections. — Pardon, je vois le suffrage universel, un pur excès de démocratie, un organe qui excelle à détruire. Si vous estimez vicieux et mauvais l'état social tel que nous le pratiquons, ne touchez à rien, livrez-le seulement au suffrage universel qui en aura raison tôt ou tard. Mais s'il vous semble que la minorité riche a eu le droit de naître et qu'elle a le droit de vivre, accordez-lui le droit de se défendre, ne la livrez pas à la majorité qui est pauvre, qui est souveraine, et qui fera des lois pour son bien exclusif, suivant l'exemple immémorial de tous les souverains.

Il y a dans le suffrage universel le principe des vicissitudes et des entreprises malsaines. Cette institution est faite pour créer en nous le virus révolutionnaire qui n'est pas, quoi qu'on en dise, dans nos entrailles et dans notre passé. Elle porte et recèle une excitation qui tiendra les masses toujours debout et allumées, un appel au peuple permanent. En vain tenteriez-vous une politique d'apaisement par la voie des compromis et des transactions. L'excès est dans suffrage universel, l'excès ne se laissera pas apaiser, il est la force, il croit être le droit : il ne transigera pas. C'est l'expérience que vient de faire un grand homme d'État. Il a voulu apaiser... On sait le reste.

Le découragement des batailleurs, le défaut d'armes, une certaine lassitude qui succède naturellement aux commotions, peut produire une trève ; c'est ce qui nous est arrivé depuis deux ans. La marche vigoureuse du gouvernement, une certaine direction émanée des pouvoirs publics, un certain choix de fonctionnaires auront peut-être le même effet temporaire : c'est ce dont nous sommes témoins aujourd'hui. Mais le salut est à d'autres conditions. La société ne sera sûre d'elle-même qu'ayant supprimé une chose nouvelle et mauvaise, comme la souveraineté du nombre, une chose vieillie et dissolvante comme la monarchie, comme le cérarisme. Que l'assemblée actuelle daigne le comprendre : il lui appartient, il n'appartient qu'à elle, monarchique comme elle l'est, de faire une bonne république, c'est-à-dire une république sans excès de démocratie.

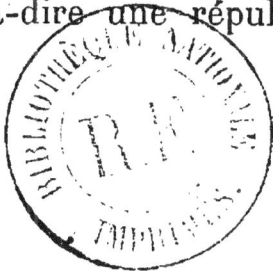

TABLE DES MATIÈRES.

Paris. — Typ. A. PARENT, rue Monsieur-le-Prince, 31.

www.ingramcontent.com/pod-product-compliance
Lightning Source LLC
Chambersburg PA
CBHW060600100426
42744CB00008B/1257